MÚSICA & BOEMIA

A AUTO-BIOGRAFIA PERDIDA DE CATULO DA PAIXÃO CEARENSE

GONÇALO JÚNIOR
ORGANIZAÇÃO E APRESENTAÇÃO

ROBERTA SAMPAIO
PREPARAÇÃO

Noir

EX-LIBRIS DE CATULO DA PAIXÃO CEARENSE

★

NATUREZA
MÚSICA
POESIA

MÚSICA & BOEMIA

A AUTO-BIOGRAFIA PERDIDA DE CATULO DA PAIXÃO CEARENSE

Organização e apresentação: Gonçalo Junior
Preparação: Roberta Sampaio
Ilustração da capa: Pacheco
Projeto gráfico: André Hernandez
Impressão e acabamento: Bartira Gráfica
Editora Noir
Praça da Sé, 21 cj 410
CEP 01001-000
São Paulo – Brasil

editoranoir.com.br
facebook.com/editoranoir
contato@editoranoir.com.br

© 2017 Editora Noir – Todos os direitos reservados
Permitida a reprodução parcial de texto ou de imagem,
desde que citados os nomes da obra e do autor.

N7

Dados Internacionais de Catalogação na Publicação (CIP)
Bibliotecária: Maria Isabel Schiavon Kinasz, CRB9 / 626

C387	Cearense, Catullo da Paixão Música e Boemia/A auto-biografia perdida de Catulo da Paixão Cearense; organização de Gonçalo Silva Júnior - 1.ed. – São Paulo: Editora Noir, 2017. 252p.; 21cm ISBN 978-85-93675-07-2 1. Poesia brasileira. 2. Cearense, Catulo da Paixão, 1863-1946. 3. Compositores – Brasil - Biografia. I. Silva Junior, Gonçalo (org.). II. Título. CDD 927.8 (22.ed) CDU 92:78

1ª impressão: primavera de 2017

LUAR DO SERTÃO

Não há, ó gente, ó não
Luar como esse do sertão
Não há, ó gente, ó não
Luar como esse do sertão

Oh! que saudade do luar da minha terra
Lá na serra branquejando folhas secas pelo chão
Este luar cá da cidade tão escuro
Não tem aquela saudade do luar lá do sertão

Não há, ó gente, ó não
Luar como esse do sertão
Não há, ó gente, ó não
Luar como esse do sertão

Se a lua nasce por detrás da verde mata
Mais parece um sol de prata prateando a solidão
E a gente pega na viola que ponteia
E a canção e a lua cheia a nos nascer do coração

Não há, ó gente, ó não
Luar como esse do sertão
Não há, ó gente, ó não
Luar como esse do sertão

Mas como é lindo ver depois por entre o mato
Deslizar calmo, regato, transparente como um véu
No leito azul das suas águas murmurando
E por sua vez roubando as estrelas lá do céu

Não há, ó gente, ó não
Luar como esse do sertão
Não há, ó gente, ó não
Luar como esse do sertão

APRESENTAÇÃO

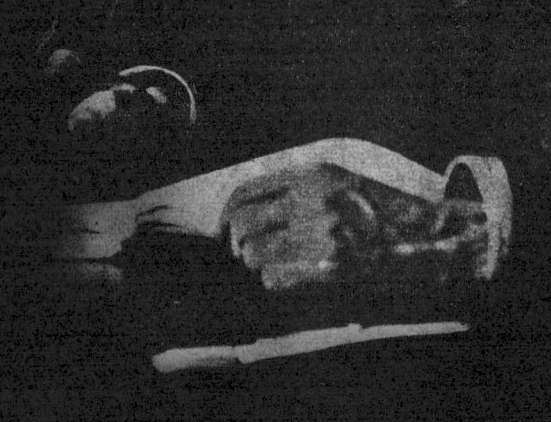

MEMÓRIAS NOTÁVEIS

NÃO é preciso ler mais que um capítulo deste livro para se apaixonar perdidamente pela escrita e pela pessoa do maranhense Catulo da Paixão Cearense (1863-1946) – não apenas o poeta, o compositor, o violonista, o cantor de serenatas e de recitais. E o passo seguinte provável será o desejo de conhecer seus livros de poesia popular – difíceis de serem encontrados – e ouvir ao menos as mais conhecidas das dezenas de músicas que fez sozinho e em parceria. Ou, ainda, correr ao Youtube para matar a saudade de "Luar do sertão" (nas vozes de Luiz Gonzaga e Maria Bethânia, entre outros) e "Flor amorosa" (na voz de Francisco Carlos ou no bandolim de Jacob), "Ontem, ao luar" (Marisa Monte) e "Caboca di Caxangá" (Paulo Tapajós). E se perguntar como um artista tão genial – e importante, principalmente – caiu no mais absoluto esquecimento.

Por isso, Catulo renasce, mais uma vez, nas páginas deste volume, que não é uma biografia no sentido mais convencional, formal, rigoroso do termo. Não há precisão de datas e locais. São memórias, sim, autobiográficas – publicadas em 31 capítulos na revista literária "Vamos ler!", entre 4 de fevereiro e 14 de outubro de 1943. Mas não têm ordem cronológica. Sequer falam de sua infância, de seus pais, de seus irmãos, dos anos difíceis depois da mudança para o Rio de Janeiro. Até nos casos em que relata suas próprias experiências, quase sempre dá pistas vagas de quando aconteceu. Mesmo assim, o leitor percebe que tudo se passou nas duas últimas décadas do século XX e nas duas seguintes.

Quando Catulo fala do contato com presidentes da República no momento em que exerciam o poder, fica mais fácil precisar – basta checar as datas. Esse detalhe, no entanto, não tira o valor histórico deste livro, difícil de ser mensurado em sua importância como documento histórico. Mais que qualquer coisa, com sua prosa altamente refinada e bem-humorada, vinda do dom de um excepcional contador de casos, o autor registrou percepções, sensações, impressões e, claro, fatos que considerou relevante em sua vida de artista popular – cantor e poeta, nessa ordem. Fez isso ao mesmo tempo em que procurou reforçar, o tempo todo, que a verdade lhe pertencia. Ou seja, tudo aqui contado por ele deve ser visto como fatos absolutamente verdadeiros. Se são mesmo, Catulo certamente teve uma das vidas mais movimentadas e fascinantes de sua época.

Não há rigor na estrutura, quando observados os textos em seu conjunto. A não ser algumas características em comum. Catulo optou, em primeiro lugar, por centrar cada capítulo em uma pessoa – talvez o melhor termo seja "personagem" – com quem conviveu por algum tempo e vivenciou experiências marcantes, em meio a farras e histórias inesperadas, situações absurdas, quase surreais – e, em alguns casos, dedica a um só nome mais de uma crônica ou "palestra", como ele chamou seus escritos. Foi o caso de José do Patrocínio, que abre a série.

Ao mesmo tempo, a cachaça Parati jorra por estas páginas, como a correnteza de um rio. Talvez, por isso, um bom título para este volume fosse "Memórias da farra" ou "Memórias alcoólicas". Só que não seria suficiente ou completo, pois Catulo vai além da boemia e de suas experiências em noitadas de bebedeiras e cantorias.

A partir de casos vividos e protagonizados, esse artista tão singular e influente em seu tempo constrói um rico painel da vida boêmia carioca, marcada pela presença dominante dos gêneros musicais choro e modinha nas festas públicas e particulares, principalmente. Em todas, claro, Catulo era ou se tornava a atração principal – quando aparecia sem ser convidado. E, quase sempre, protagonizava episódios hilários, que beiram o realismo fantástico, gênero, aliás, que só chegaria à literatura brasileira e latino-americana a partir da década de 1930 – no Brasil, o pioneiro nesse segmento foi o mineiro Murilo Rubião (1916-1991). Estão aqui os relatos de tipos que driblaram a morte ou tinham dons de curandeirismo.

Como era um trovador, elogiado violonista e talentoso cantor, além de seresteiro convicto, Catulo estava, muitas vezes, no centro das atenções por onde circulava. Tinha orgulho de se autodenominar o maior de todos os poetas populares vivos, com seu estilo fanfarrão e mal--humorado. Todos o conheciam de vista, saudavam-no nas ruas, o reverenciavam como um grande artista "do povo", de modos simples, porém dono de uma obra que orgulhava todos. No seu cotidiano, era o seresteiro beberrão, que andava como gato vira-lata, sem dono, pela madrugada, a fazer serenatas debaixo das janelas das donzelas, depois de longos porres com a turma da boemia – apaixonados em desespero sempre recorriam a ele e sua trupe de músicos, a implorar ajuda para conquistar a moça virgem desejada.

O leitor percebe com facilidade que os certos e supostos "exageros" e as pitadas de humor que marcam todas estas crônicas biográficas são apenas um modo de Catulo da Paixão Cearense enfatizar passagens marcantes em sua vida. E dão ao interlocutor um enorme prazer, o deleite da leitura, da crônica como tem de ser – memorialista e divertida. Ao dizer, por exemplo, que Afonso Arinos o levou para conhecer um casal de italianos com 134 anos de idade cada um, quer dizer que eram duas pessoas bastante idosas. Acreditava, certamente, na inteligência do leitor para perceber isso. Deveriam ter cada um, marido e mulher, uma centena de anos. Não satisfeito com a coincidência desses dois terem nascido no mesmo dia, afirma que foi na mesma hora. Poderia ter dito que tinham nascido um para o outro, tamanha a cumplicidade entre os dois. Se há mentira ou exagero aí, não tem relevância alguma.

Catulo jamais daria brecha para questionarem seus escritos. Tinha inimigos demais à sua espreita, como urubus que assistem, sem pressa, o desabar da presa. Quase sempre, foi generoso em tudo que disse sobre amigos e desafetos. Até para lembrar de quem, com ele, teve atritos, rasgava o sujeito de elogios antes. "Esse brilhante jornalista sempre antipatizou comigo", afirma ele, ao se referir ao "ex-amigo" Medeiros e Albuquerque. Em alguns casos, para não ofender, preferiu não citar nomes. Mas não poupou os inimigos, cujas identidades foram integralmente ditas, sem cerimônias.

O poeta e cantor ou o cantor-poeta revela, enfim, uma vida rica e intensa, mas que parecia relegada às páginas envelhecidas de "Vamos ler!", publicadas há quase 75 anos. O convite para escrever veio do seu amigo e admirador Vieira de Mello, então diretor da prestigiada publicação. "Vamos ler!" circulou entre 1936 e 1948, mantida pelo grupo A Noite, jornal que tinha sido incorporado pela ditadura Vargas e passou a ser bancado com recursos públicos. Era uma revista com predominância do tema literatura, embora possuísse pequenas colunas de música, rádio, teatro e cinema, quase sempre de apenas duas páginas. Trazia contos de autores clássicos ilustrados por nomes importantes como J. Carlos, Théo, Mendez, Belmonte, Thiré, Renato Silva, Álvarus, Pacheco e outros. Entre 1939 e 1941, publicou uma série de reportagens de Jorge Amado sobre cidades turísticas do mundo e lançou os primeiros textos jornalísticos e de ficção de Clarice Lispector.

Por nove meses, Catulo apareceu semanalmente, sempre às quintas-feiras, com suas narrativas nostálgicas, mas não saudosistas – jamais comparou ou reclamou do progresso, das novidades tecnológicas como o cinema, o rádio e o disco –, as quais, na época, tornaram-se sensação na revista. Em algumas edições, porém, não foram publicadas suas memórias, como se percebe na sequência cronológica em que são aqui apresentadas. Não houve lacunas nas pesquisas e todas as edições que não traziam a crônica de Catulo foram checadas rigorosamente. Até a publicação do último capítulo, em outubro. As eventuais interrupções se deram sem qualquer aviso ao leitor e, ao que parece, aconteceram por causa de problemas de saúde do autor.

Mesmo após quase oito décadas de vida, Catulo focou suas histórias no período de glória de sua carreira como cantor de modinhas e tocador de choros, quando desfrutava da fama dos seus primeiros livros de poesias e das toadas e modinhas de sua autoria, que começavam a ser gravadas, com a chegada da indústria do disco no Brasil. Sem querer, ao fazer isso, deixou como legado um precioso depoimento sobre a vida social e cultural do Rio de Janeiro dos primeiros anos da República, período que antecedeu à reforma urbana da capital, promovida pelo prefeito Pereira Passos, a partir de 1906.

O detalhismo de suas descrições das ruas, das casas em dias de festas populares e dos encontros, a citação da culinária, da impressionante tradição dos saraus em dias de celebração familiar e da prática secular da serenata pulsam em seus textos, mais de um século depois de terem acontecido, em sua maioria. E, como foi dito, não é preciso ler mais que um trecho para se apaixonar pela figura fascinante de Catulo. Mas, antes que essa introdução se torne um novelo sem ponto final, é importante conhecer um pouco de sua vida para situar melhor suas histórias antes de lê-las.

UM MESTRE DA NARRATIVA ORAL

A Festa, LP de 1981 de Luiz Gonzaga que trazia
Luar do Sertão como a primeira música do lado A.

COUBE a Luiz Gonzaga (1912-1989) transformar "Luar do sertão" na mais conhecida composição de Catulo da Paixão Cearense nos últimos setenta anos. A música já fazia parte, havia bastante tempo, do imaginário popular quando ele a gravou. O primeiro registro de que se tem notícia é de 1910, na voz de Mário Pinheiro (1880-1921), na Odeon. Em fevereiro de 1914, Eduardo das Neves (1874-1919) – pai do músico Cândido das Neves (1899-1934), autor de "Noite cheia de estrelas" – e coro a gravaram em disco, também na Odeon, cuja matriz recebeu o número 120.911.

Os demais registros importantes se deram a partir de 1935, nas vozes de Francisco Alves, Vicente Celestino, Singing Babies, Olga Praguer, Paraguassu, Stelinha Egg, entre outros. Até o final da década de 1960, somavam-se mais de cem gravações diferentes de "Luar do sertão", diversas de caráter ligeiro, em transcrições feitas até mesmo para serem interpretadas por cantores líricos. Em 1971, a toada ganhou registro inesquecível de Paulo Tapajós (1913-1990), que seria reconhecido como um dos mais expressivos intérpretes de Catulo – na verdade, na década de 1950, ele tinha gravado um disco de dez polegadas com os oito maiores sucessos do poeta.

A melodia de "Luar do sertão" seria atribuída por alguns ao talentoso compositor e violonista João Teixeira Guimarães, o João Pernambuco (1883-1947) – autor do clássico "Sons e carrilhões" –, o que Catulo sempre contestou de modo enfático e irritadiço. Os dois eram amigos inseparáveis, como se vê em um dos textos deste livro, em que Pernambuco é apresentado como companheiro musical de seresta do poeta. Pernambuco contou que teria modificado a melodia de uma canção anônima, um tema folclórico do Nordeste, conhecido como "É de Maitá" ou "Meu engenho é de Humaitá", sem autoria conhecida. E a mostrou a Catulo, que se ofereceu para colocar a letra. Catulo confirma aqui parte da história, nos nega a interferência do amigo na melodia.

Seria mais um caso de roubo de música ou omissão de parceria, tão comum na época? Não pareceu ter sido esse o caso. Catulo tinha vários inimigos, que logo cuidaram de vitimizar João Pernambuco, descrito pela imprensa como homem simples, analfabeto, porém admirado como instrumentista e compositor por Villa-Lobos, Almirante, entre outras personalidades. A versão da parceria deu tão certo que, no dia do enterro de Pernambuco, Pixinguinha, Donga e alguns amigos cantaram "Luar do sertão" em sua homenagem como forma de restabelecer sua suposta coautoria na famosa canção.

A afirmação de Pernambuco, feita a vários jornais ao longo de anos, provocou a ira de Catulo e acabou por destruir a amizade entre os dois um pouco antes da morte do poeta – que aconteceu um ano antes da partida do antigo amigo. Para defender a autoria da melodia, ele disse que usou dois compassos de Beethoven na tessitura musical de "Luar do sertão". E ficou ainda mais chateado quando Pernambuco disse, em 1945, que tinha ido em sua companhia à Casa Edison receber direitos autorais da música. Ele o desmentiu e conseguiu uma carta do empresário Fred Figner (1866-1947) – dono da gravadora – em que negava o encontro. Segundo Catulo, desde 1915, a música estava registrada em seu nome na Biblioteca Nacional.

Ele, porém, reconheceu que várias de suas letras ganharam melodia de outros, como Anacleto de Medeiros – a mais famosa delas foi "Rasga o coração". "Luar do Sertão" era tão popular, cantada em festas e até em brincadeiras infantis, que, no começo do século passado, o jurista, magistrado, político e professor Pedro Lessa, morto em 1921, batizou a toada sertaneja de "hino nacional dos corações brasileiros". O primeiro biógrafo de Catulo, Murilo Araújo, chamou-a de "magistral serenata silvestre". Durante anos, realmente, seria considerada pelo povo como uma espécie de segundo hino nacional. Em especial, nas cidades do interior e nos estados das regiões Norte e Nordeste.

Catulo adorava ser reconhecido nas ruas. Tinha o respeito da elite, por causa dos recitais e audições que dava ou pelas serestas que fazia – sem jamais receber pagamento por isso. As gravações mecânicas de discos, a partir de 1902, como lembrou Maurício Azedo, outro biógrafo seu, ajudaria a aumentar sua fama. A estreia em disco aconteceu em 1906, quando Mário Pinheiro gravou "Talento e formosura" para a Casa Edison, pioneira do mercado fonográfico do Brasil, fundada seis anos antes. No mesmo ano, saíram dele "Resposta ao talento" e "Formosura". Em 1907, Pinheiro lançou "O que tu és", "Até as flores mentem" e "Clélia". Dois anos depois, foram lançadas "Choça ao monte" e "Cabocla bonita". Por fim, em 1910, o mesmo cantor, que assinava apenas como Mário, lançou "Adeus da manhã" e "Luar do sertão", como já foi dito.

Mário Pinheiro, completamente esquecido depois, alcançou a proeza de ir aos Estados Unidos, em 1912, gravar uma série de músicas brasileiras nos estúdios da RCA, cuja qualidade era infinitamente melhor do que a dos equipamentos rudimentares da Casa Edison. Em seguida, viajou para Milão, onde estudou canto e se tornou baixo-cantante. De volta ao Brasil, morreu com apenas 41 anos, em 1921. Mas nada de Catulo fez mais sucesso, nessa época, que os desafios de cordel registrados em discos entre Pinheiro e Bahiano, o que rendeu pérolas como "Os dois violeiros" e "Chico Mironga no casamento de Seu Zé Pinho".

Porém, Catulo seria mais conhecido nesse tempo por "Ontem, ao luar", cuja melodia coube ao flautista e compositor Pedro de Alcântara, e se transformou em uma das mais populares criações suas na segunda década do século – deu, inclusive, título a um de seus livros de poesia mais vendidos. Na verdade, a música já existia em versão instrumental com o título de "Choro e poesia". Ao colocar-lhe letra, Catulo mudou o nome. Uma das gravações mais importantes dessa canção, na época, coube a Vicente Celestino, em disco da Casa Edison, lançado em 1918.

Nas décadas seguintes, "Ontem, ao luar" ganhou vozes de nomes famosos como Vicente Celestino, Paulo Tapajós, Fafá de Belém, Paraguassu, Carlos Galhardo e Diana Pequeno. Uma das gravações mais recentes e conhecidas foi feita por Marisa Monte – acompanhada de um moderníssimo solo de guitarra. Clássico das serenatas em todo o Brasil, tornou-se a segunda composição mais famosa sua:

Ontem, ao luar, nós dois em plena solidão,
tu me perguntaste o que era a dor de uma paixão.
Nada respondi, calmo assim fiquei.
Mas, fitando o azul do azul do céu,
a lua azul eu te mostrei.
Mostrando-a a ti, dos olhos meus correr senti
uma nívea lágrima e, assim, te respondi.
Fiquei a sorrir por ter o prazer
de ver a lágrima nos olhos a sofrer.

A dor da paixão não tem explicação.
Como definir o que eu só sei sentir.
É mister sofrer para se saber
o que no peito o coração não quer dizer.
Pergunta ao luar, travesso e tão taful,
de noite a chorar na onda toda azul.
Pergunta, ao luar, do mar à canção,
qual o mistério que há na dor de uma paixão.

Se tu desejas saber o que é o amor
e sentir o seu calor,
o amaríssimo travor do seu dulçor,
sobe um monte à beira mar, ao luar,
ouve a onda sobre a areia a lacrimar.
Ouve o silêncio a falar na solidão
de um calado coração,
a penar, a derramar os prantos seus.
Ouve o choro perenal,
a dor silente, universal
e a dor maior, que é a dor de Deus.

Quando Jesus, meigamente solitário,
lá no cimo do calvário,
seus olhos, indulgente, erguia aos céus,
quanta dor, quanta poesia, a penar,
nos seus olhos luz luzia, a meditar
Não era a dor de não ter esse poder
de remir a humanidade

da eterna atrocidade do sofrer
Era, sim, a crúcea pena
de sentir por Madalena
o coração desfalecer.

Se tu queres mais saber a fonte dos meus ais,
põe o ouvido aqui na rósea flor do coração,
ouve a inquietação da merencória pulsação...
busca saber qual a razão
por que ele vive, assim, tão triste a suspirar,
a palpitar, em desesperação,
a teimar, de amar um insensível coração,
que a ninguém dirá no peito ingrato em que ele está,
mas que ao sepulcro, fatalmente, o levará.

Em 1913, um ano antes de "Luar do sertão" ter seu segundo registro em disco, saiu outro de seus maiores sucessos, a belíssima "Cabocla di Caxangá", nas vozes da dupla Bahiano e Júlia Martins, lançada pela Casa Edison. O já citado Bahiano era nome de Manuel Pedro dos Santos (1870-1944), o mesmo que gravaria oficialmente o primeiro samba, "Pelo telefone", em 1916. Considerada a primeira música caipira gravada, "Cabocla di Caxangá" era uma das muitas composições de Catulo moldadas em estilo regionalista, fortemente influenciada pelo cordel e, portanto, pela cultura do Nordeste, que ajudaria a valorizar a trdição do interior e a fazer dele um precursor da literatura que viria na década de 1930.

Não só isso. Os versos são um genial exercício de invenção poética e de apresentação de neologismos, em que a linguagem oral serve de inspiração para ele brincar com sons e expressões que fugiam do modo correto de se escrever ou dizer. Catulo explora esse recurso para encontrar a rima sonora perfeita, além de valorizar a naturalidade dos monólogos do narrador. Absolutamente grandiosos os versos que formam a letra. Abriria caminho para Luiz Gonzaga e compositores e poetas como Humberto Teixeira. Patativa do Assaré e Dorival Caymmi, entre tantos outros. Também sua excepcional melodia foi atribuída a João Pernambuco, sem qualquer comprovação, o que, mais uma vez, foi negado pelo autor dos versos:

Laurindo Punga, Chico Dunga, Zé Vicente
Essa gente tão valente

Do sertão de Jatobá
E o danado do afamado Zeca Lima
Tudo chora numa prima
E tudo quer te traquejá

Caboca di Caxangá
Minha caboca, vem cá

Queria ver se essa gente também sente
Tanto amor como eu senti
Quando eu te vi em Cariri
Atravessava um regato no Patau
E escutava lá no mato
O canto triste do urutau

Caboca, demônio mau
Sou triste como o urutau

Há muito tempo lá nas moita da taquara
Junto ao monte das crivara
Eu não te vejo tu passá
Todo os dia iate a beca da noite
Eu te canto uma toada
Lá debaixo do indaiá

Vem cá, caboca, vem cá
Rainha di Caxangá

Na noite santa do Natal na encruzilhada
Eu te esperei e descontei
Inté o romper da manhã
Quando eu saia do arfará o sol nascia
E lá na vota já se ouvia
Pipiando a acauã

Caboca, toda a manhã
Som triste de acauã

Seria de Catulo também a letra de uma das mais belas e eternas canções da música brasileira, o choro "Flor amorosa", bastante tocada por chorões e com várias gravações cantadas ao longo de todo o século XX e começo do XXI. A autoria da música coube a Joaquim Antônio da Silva Calado, que a compôs em 1880. Foi apresentada por muito tempo como choro, até ganhar a letra do poeta. Especialistas identificaram na primeira gravação dessa agora "toada", uma estrutura próxima do gênero ligeiro maxixe. O próprio Catulo a transformou em uma marca de suas apresentações musicais, entre recitais e serenatas. A letra, de excepcional qualidade poética, era uma bela reverência à formosura feminina:

Flor amorosa, compassiva, sensitiva, vem porque
É uma rosa orgulhosa, presunçosa, tão vaidosa
Pois olha a rosa tem prazer em ser beijada, é flor, é flor
Oh, dei-te um beijo, mas perdoa, foi à toa, meu amor
Em uma taça perfumada de coral

Um beijo dar não vejo mal
É um sinal de que por ti me apaixonei

Talvez em sonhos foi que te beijei
Se tu pudesses extirpar dos lábios meus
Um beijo teu tira-o por Deus
Vê se me arrancas esse odor de resedá

Sangra-me a boca, é um favor, vem cá
Não deves mais fazer questão
Já perdi, queres mais, toma o coração
Ah, tem dó dos meus ais, perdão
Sim ou não, sim ou não
Olha que eu estou ajoelhado

A te beijar, a te oscular os pés

Sob os teus, sob os teus olhos tão cruéis
Se tu não me quiseres perdoar
Beijo algum em mais ninguém eu hei de dar
Se ontem beijavas um jasmim do teu jardim

A mim, a mim
Oh, por que juras mil torturas
Mil agruras, por que juras?
Meu coração delito algum por te beijar não vê, não vê
Só por um beijo, um gracejo, tanto pejo
Mas por quê?

  A primeira gravação cantada de "Flor amorosa" foi lançada em março de 1913, pelo logo esquecido Aristarco Dias Brandão, na Odeon, matriz XR-1812. A canção seria revivida com inesperado sucesso, mais de quatro décadas depois, pelo cantor Francisco Carlos, graças ao filme--chanchada da Atlântida *Esse milhão é meu* (1959), dirigido por Carlos Manga, no qual ele a cantou.
  Nas décadas de 1900 e 1910, quando a indústria do disco ainda engatinhava no Brasil, grandes nomes, além de Bahiano, Mário Pinheiro e Eduardo das Neves, gravaram músicas de Catulo. Eles e outros, como Vicente Celestino, registraram dezenas de músicas de sua autoria, entre choros, modinhas, canções, desafios e toadas, que faziam referência ao folclore brasileiro. A maioria foi composta com diversos parceiros, que faziam as melodias. Entre as que mais se destacaram nessa época, estavam: "O adeus da manhã", "Fechei meu jardim", "Improviso", "Arrufos", "Sobre uma campa", "O eco", "Aventura caipora" e "Lágrimas sonoras", entre outras.
  Pouca gente sabe que Catulo era um mestre em tocar violão e um exímio intérprete, embora jamais tenha gravado um disco. Não restam dúvidas sobre esses seus dotes, citados à exaustão nas memórias aqui reunidas. Difícil entender por que, mesmo com sua proximidade da companhia de discos Odeon, além de cantores e produtores, não se permitiu que registrasse sua voz uma única vez em uma daquelas bolachas de 78 rotações por minuto. Uma explicação possível para isso era a necessidade de vozes potentes, que cantassem quase gritando e fossem capazes de superar as limitações dos equipamentos de gravação. Essa era a única forma para que o resultado fosse aceitável. Se cantava com entusiasmo em serenatas pelas madrugadas, não seria a voz dele assim?
  Ao contrário do que parece, o nome de Catulo não é pseudônimo ou uma identidade artística. Ele foi realmente registrado assim: Catulo da Paixão Cearense. A referência ao estado nordestino tinha a

ver com seu pai, nascido no Ceará, o ourives e relojoeiro Amâncio José Paixão Cearense. A mãe, Maria Celestina Braga, era natural do Maranhão e vivia na capital, São Luís, onde conheceu o futuro marido e ali o casal teve todos os seus filhos. Apesar de comum, na época, ter uma ou duas dezenas de crianças, a prole do casal foi pequena, formada por apenas três meninos – os outros eram Gil e Gérson da Paixão Cearense.

Por muitos anos, acreditou-se que a data de nascimento de Catulo fosse 31 de janeiro de 1866. Mas, na verdade, aconteceu cerca de três anos antes, em 8 de outubro de 1863, no sobrado de número 66 da antiga Rua Grande, hoje Rua Osvaldo Cruz, região central de São Luís. A mudança se deu a fim de que ele pudesse ser nomeado para o serviço público quando era menor de idade – nunca ficou claro que emprego foi esse e em qual cidade ocorreu, pois tinha 17 anos quando se mudou para o Rio de Janeiro. Antes disso, por coincidência ao seu nome, Catulo acabaria por viver sete anos no Ceará, a partir dos dez anos, para onde a família se mudou, em 1873, em busca de melhores condições de sobrevivência. Esse período seria fundamental para a sua formação como poeta e cancioneiro popular, além de cantor, pois o sertão árido e implacável, com suas tradições folclóricas e musicais, marcaria o conjunto de sua obra – e ele se tornaria seu principal divulgador.

Em 1880, a família seguiu de navio para o Rio de Janeiro. A intenção de seu Amâncio era dar boa educação aos filhos. Ele havia juntado um pequeno capital, além do estoque de ouro e outras joias e relógios que dispunha em sua loja. Acreditou que teria mais chances de crescer como comerciante na capital federal. Ali, o casal e os filhos se estabeleceram na Rua São Clemente, 37, no bairro do Engenho Novo. Ele diria depois que a casa era parecida com a que a família vivera em São Luís – tinha a fachada formada de azulejos, três portas no térreo e três janelas na parte de cima, todas com sacadas e pequenas grades de ferro fundido, com desenhos floreados.

A família se instalou no andar de cima, enquanto no térreo passou a funcionar a relojoaria e ourivesaria de seu Amâncio, que tinha 50 anos de idade quando chegou à capital do país. Catulo aprendeu o ofício de vendedor e de consertador de relógios, e passou a ajudá-lo em um dos turnos, pois, no outro, frequentava o colégio perto de sua casa. "Naqueles tempos ditosos, eu ia colher as pitangas, trepava a tirar as mangas, brincava à beira do mar... rezava às ave-marias, achava o céu sempre lindo... adormecia sorrindo e despertava a cantar", recordou. A vida parecia caminhar para dias melhores, quando dona Maria Celestina faleceu poucos anos depois. Catulo contou que ficou tão traumatizado, que chegou a pensar em suicídio. Passados três anos, morreu o pai.

Os filhos tiveram de se virar para dividir as contas da casa. Um desafio diário, porque moravam em um dos bairros mais distantes do centro, o balneário de Copacabana, um lugar quase deserto e ermo. Mesmo assim, a veia artística de Catulo o fez conciliar seu interesse por poesia, música e boemia com a luta pela sobrevivência. Quando os pais ainda eram vivos, foi bem acolhido ao se aproximar da vida noturna, como um promissor poeta e excelente companhia para longas conversas nas madrugadas e serenatas. Essa relação se tornou forte depois que passou a frequentar uma república de estudantes, na Rua Barroso, em Copacabana, então uma área pouco habitada.

Lá, conheceu jovens talentos do choro, como os flautistas Joaquim Calado e Viriato Figueira da Silva, o estudante de música Anacleto de Medeiros, o violonista Quincas Laranjeiras, o cantor Cadete e um estudante de Medicina que o ensinou a tocar violão e que o levou a abandonar a antiga paixão pela flauta – jamais citou o nome do rapaz, que era chamado apenas de "o Cadete". Catulo contava com a cumplicidade da mãe para dar suas fugidas na madrugada. "Ela desce-lhe por um cordel a chave da porta da rua, e murmura-lhe 'Seu pai já dorme. Pode ir. Mas não se demore muito, meu filho'", contou o biógrafo Murilo Araújo.

O rapaz apanhava a chave, atirava um beijo "ao seu ídolo materno" e saía alegremente, com a querida flauta debaixo do braço. Mas nem sempre dava certo. Certa vez, após a morte da mãe, em determinada noite, irritado com sua mania de voltar tarde para casa, seu Amâncio foi atrás dele e o encontrou numa seresta. Catulo lembrou que cantava pela primeira vez sua modinha "Ao luar", quando o pai apareceu e, irritado, tomou o violão e o quebrou em sua cabeça, como castigo por não o obedecer. Não adiantou: ele pegava emprestado o instrumento dos amigos até comprar um novo. Com a partida do patriarca, foi viver intensamente a boemia.

A inteligência acima da média, o raciocínio rápido, o talento para tocar e compor versos logo destacaram Catulo entre os companheiros de noitadas. Sempre tinha algo novo para mostrar, em um ritmo intenso de criação. Autodidata, lia tudo que encontrava pelo caminho, com interesse especial pela gramática portuguesa e por matemática. Como o francês fazia parte do ensino médio, mergulhou na língua e ficou tão afiado que chegou a fazer traduções de poetas franceses famosos – lê-los era um modismo até a segunda década do século XX –, como Alphonse Marie Louis de Prat de Lamartine (1790-1869), o Lamartine, um de seus preferidos.

O refinamento literário, a capacidade de decorar versos na língua estrangeira, a vasta cultura para falar de tudo com tão pouca idade, nada disso fez com que Catulo criasse para si um personagem com maneirismos e hábitos importados, o que acontecia com um bom número de poetas da época, principalmente os mais jovens. Ele trazia impregnado em si, não apenas no sobrenome, as profundas raízes dos tempos em que viveu em São Luís e no Ceará. Interessava-o mais os cantadores daquela região, aqueles com quem conviveu durante parte de sua juventude e, também, no Rio de Janeiro, onde havia grande número de migrantes.

Motivado por essas influências populares, o poeta passou a escrever histórias em versos rimados, um tipo de literatura popular em moda na época, chamada de cordel e importada havia muito tempo de Portugal. Mostrava o que fazia em declamações e cantos aos amigos. Até convencer o livreiro Pedro da Silva Quaresma, proprietário da Livraria do Povo e seu amigo, além de admirador, a publicar seus escritos em folhetos impressos em tipografia. Ao mesmo tempo, crescia a paixão pela música – como flautista e violonista e cantor, principalmente. E nesse segmento, nadou contra a corrente. Sem sucumbir às influências estrangeiras, compunha e cantava modinhas bem brasileiras, caipiras, boa parte delas versada no linguajar caboclo.

Poesia e serenata, no entanto, não enchiam barriga. E ele se virava como podia. O primeiro trabalho de Catulo fora da relojoaria do pai foi no cais do porto, como estivador. Era um serviço meramente braçal, pesado, cansativo. Mais ainda para quem dormia tarde e tinha de acordar cedo, às cinco da madrugada. Suportou o quanto pôde. Passou a conviver com outro mundo, onde se mostrou um estranho, em meio a homens simples do povo, semialfabetizados. Tinha de usar tamancos nos pés e levar marmita, mas não abria mão da companhia dos livros, que lia no intervalo do almoço ou em algum momento de pausa entre um serviço e outro.

Voltava para casa, dormia um pouco, mudava de roupa e partia para as serestas. E foi numa dessas aventuras noturnas que sua vida tomou outro rumo. Catulo recebeu um convite para uma festa na casa do senador Gaspar da Silveira Martins, conselheiro do Império. De violão em punho e uma boa memória para recitar e cantar modinhas, quando os discos e o rádio ainda não existiam, tornou-se a sensação do evento e acabou aplaudido de pé. A esposa do conselheiro o procurou no final para saber como poderia ajudá-lo. Ele falou do trabalho pesado diário no porto e, meio sem jeito, pediu-lhe para arrumar outro tipo de serviço.

A senhora o atendeu de imediato e Catulo se tornou "explicador" dos filhos de Silveira Martins – uma espécie de professor informal, que dava reforço escolar às crianças. Aceitou também o convite para morar na chácara do conselheiro, na Gávea, de modo que ficasse perto dos seus aprendizes. E sua rotina passou a ser a de aulas durante o dia e serenatas à noite. A boa vida, no entanto, não durou muito. Acabou por causa de um episódio nunca devidamente esclarecido, que trouxe constrangimento a Catulo por toda a vida.

Pela sua versão, ao voltar da farra para casa, certa madrugada, encontrou em sua cama uma jovem seminua, que o conhecia e teria tentado seduzi-lo. Como não foi atendida, teria gritado por socorro. Quando os outros empregados vieram ver o que acontecia, ela disse que Catulo teria tentado estuprá-la. Ele acabou amarrado e levado à delegacia. A solução encontrada foi a mais comum na época: só ficaria em liberdade se casasse com a suposta vítima. Só assim salvaria a honra da moça e da família. Anos depois, descobriu-se que tudo não tinha passado de uma farsa, pois, na certidão de casamento e nos registros da igreja, não havia assinaturas dele e da noiva.

Desde bem jovem, Catulo ganhou fama de mulherengo. O crítico literário Agripino Grieco, um de seus amigos mais próximos por toda a vida, definiu-o como "um navio negreiro", pois tinha "um coração carregado de cativas negras". Segundo ele, essa imagem foi deturpada a tal ponto que teve de renunciar ao único amor de sua vida, a filha do senador Hermenegildo de Morais, de Goiás, quem chamava de "Coleira" – por causa de um laço que gostava de usar no pescoço – e cujo nome seria esquecido por seus contemporâneos. Dela ficou apenas o retrato traçado por Catulo, de uma "moça linda, com olhos angelicais e que usava no pescoço uma fita de veludo de que pendia um camafeu".

Os dois se conheceram em uma festa na casa do político. Para ela, Catulo escreveu vários sonetos e canções, como "Ave Maria humana" e "Imortalidade". Ao perceber que a jovem nunca seria sua, ele resolveu se isolar na Piedade, subúrbio do Rio, onde passou a lecionar em uma pequena escola que fundou de ensino fundamental. Ao que parece, permaneceu nesse ofício por muitos anos e, por isso, até o fim da vida, foi chamado também de professor.

Nessa função, mostrou sua propensão a não seguir regras nem padrões de comportamento das escolas públicas convencionais. Nos primeiros anos, deu aulas durante os três turnos para um total de aproximadamente 100 alunos por ano letivo, divididos em três turmas. Desde o começo, estabeleceu métodos inusitados de lecionar, criados a partir de sua própria vivência escolar na infância e na adolescência. Sua intenção era tornar o ensino mais agradável e, assim, reforçar o aprendizado dos alunos. Em resumo, sua técnica era a de aprender brincando. Como trabalhava com a alfabetização de meninos, adolescentes e adultos, criou o que denominou de sistema visual: escrevia letras coloridas em círculos de cartolina e as arremessava para os alunos. Cada um deveria encontrar a inicial de seu nome. Com o jogo, conseguia que todos memorizassem as letras do alfabeto. Para as classes mais adiantadas, lecionava português, matemática e francês. "Catulo foi o precursor da escola ativa", afirmou Murilo Araújo.

Outro parceiro de boemia, Mário José de Almeida, escreveu em seu obituário na "Vamos ler!", em 1946: "Ele iniciava o trabalho escolar pelo recreio. Em seguida, com a aprovação dos alunos, começava a ensinar à sombra de um laranjal imenso, próximo à chácara de seu grande amigo, o leiloeiro Assis Carneiro, uma das figuras mais populares do Rio Antigo." Catulo teorizou para Almeida que havia uma maneira de o professor educar sem cansaço: concentrar a lição no aluno mais rebelde ou menos atento. Assim, toda a classe se voltava para o eleito, no sentido de aprender ou troçar, e o resultado era que todos aprendiam, porque o pior estudante conseguia assimilar as lições. Não por acaso, foi chamado de "inteligentíssimo animador da didática moderna". Era bom professor porque foi ótimo aluno, como observou Almeida.

Tanta reverência ao trovador, além das atividades escolares, nos meios musicais e literários, fez com que o maestro Alberto Nepomuceno (1864-1920) o convidasse para se apresentar, em 5 de julho de 1908, no Instituto Nacional de Música, na Rua Luís de Camões. A presença de um artista popular gerou protestos, inclusive na imprensa. O crítico Oscar Guanabarino, um dos mais respeitados, considerou a audição uma profanação. Principalmente pelo uso de instrumento proscrito em um salão de música erudita – o violão. "Os aplausos eram tão retumbantes que se ouviam da rua", relembrou Catulo, afogado em vaidade. Segundo ele, até Guanabarino veio parabenizá-lo depois. E "confessou a sua falta, saudando-me com palmas delirantes".

Os inimigos não perdiam a chance de malhar Catulo. Antes do recital que ele faria para o Presidente Nilo Peçanha, narrado em detalhes neste livro, espalharam que ele entraria no Palácio do Catete, sede do governo, pela porta dos fundos. A provocação foi aceita como um desafio e ele jurou que entraria pela porta da frente. Garantiu depois que assim aconteceu. Em maio de 1914, como conta nas memórias aqui reproduzidas, voltou ao Catete, dessa vez a convite do presidente Hermes da Fonseca. Vestia fraque forrado de seda, calças listradas, carregava o violão debaixo do braço, quando subiu as escadarias para o que ele chamaria de "mais um momento de glória".

Anos depois, a mulher do presidente, Dona Nair de Tefé Hermes da Fonseca – que ficara conhecida na juventude como caricaturista de talento, sob o pseudônimo de Rian – atestaria aquele momento memorável. Segundo ela, "essa audição de Catulo, no Palácio do Catete, constituiu o maior sucesso a que um verdadeiro artista poderia aspirar em toda a sua vida". E disse mais: "Catulo, ao término de cada canção que interpretava, recebia da culta assistência uma ovação delirante. Todos o aplaudiam de pé. E ele bem o merecia, pelo seu gênio e seu irresistível poder de transmissão de sentimento".

Como retribuição da parte presidencial, Catulo saiu nomeado para um cargo na Imprensa Nacional. Não demorou para que seus desafetos fizessem chegar ao presidente boatos de que ele era um folgado, só comparecia à repartição uma vez por mês, exclusivamente para receber os vencimentos. Esperavam, com isso, que fosse dispensado a bem do serviço público. A intriga, no entanto, não deu certo, pois o próprio presidente teria tratado de desarmar os fuxiqueiros. Diz o anedotário que Fonseca respondeu: "Catulo é mesmo maluco. Quem mandou ele ir tanto ao serviço?"

Por causa da boemia, aquele artista tão singular ficou conhecido em todo o Brasil, ao mesmo tempo em que acumulava admiradores e críticos, por causa de seu temperamento cristalino, sem meias palavras, da sua mania de falar o que lhe vinha à cabeça. Diziam que era cabotino, mulherengo, exibicionista, vaidoso e até mentiroso – ele teria inventado os dois encontros com Ruy Barbosa, narrados em detalhes aqui, em duas crônicas. Mas não faltavam os que o defendiam e confirmavam essas histórias. O barítono Frederico Rocha, um dos intérpretes favoritos de Catulo e amigo por toda a vida, disse que ele podia ter milhões de defeitos, até mesmo todos os que lhe eram atribuídos. Colocados ao lado de suas qualidades de artista, porém, tornavam-se insignificantes.

Em depoimento a Maurício Azedo na década de 1960, Rocha contou que os dois se conheceram no início do século XX, na casa do médico Silva Araújo, um sobrado na Rua Sete de Setembro, quase esquina com a Praça Tiradentes. O poeta ainda usava vastos bigodes negros e fora àquela casa fazer o que, durante muito tempo, foi a sua especialidade: dar um recital, com canto e violão. A empatia imediata fez com que o erudito Rocha se ligasse à roda de amigos de Catulo, que frequentavam os mesmos bares da cidade: Brahma, Nacional, Nice e Confeitaria Colombo.

Rocha também se juntou aos serenateiros Jaime Ovalle, Rogério Guimarães, Nôzinho, Sinhô, João Pernambuco, Bastos Tigre, Emílio de Menezes e Sátiro Bilhar, famoso violonista. Nasceu até uma dupla entre eles. Nas audições, Catulo recitava e tocava violão, Rocha cantava. Ele afirmou, na mesma entrevista a Azedo, que a mais famosa delas foi realizada em 7 de janeiro de 1917, quando veio ao Brasil o escrete uruguaio de futebol. Depois do jogo, houve um churrasco, seguido de uma récita. A atração prometida era Catulo. Foi um sucesso. Em especial, quando cantou o seu sucesso da época, "Caboca di Caxangá", famosa no Carnaval de 1913, mesmo contra a vontade do autor, que dizia: "o povo a cantava deturpando a letra".

No fundo, ele adorou. "Todo mundo cantou o estribilho famoso, inclusive os uruguaios", recordou Rocha – "Caboca di Caxangá, minha caboca vem cá..." Histórias assim correriam as ruas, bares e redações do Rio, e mitificariam Catulo quase como uma lenda vida. Parte delas seria recontada por ele nos relatos de "Vamos ler!" Outras ficaram de fora. Como o famoso churrasco no sítio de Paulo Rudge, que terminou antes da hora por causa de uma reação explosiva sua. Depois de chegar atrasado, no momento em que os convidados comiam, quando ia começar sua apresentação, deparou-se com a cabeça do boi, ainda ensanguentada e com os olhos esbugalhados. Furioso, atirou fora o violão e abandonou o local aos gritos: "Festim de bárbaros, irracionais!"

Tempos depois, pediria desculpas ao anfitrião. "Sei que estraguei sua festa. Mas que hei de fazer? Eu sou assim mesmo. Comer churrasco eu comeria, mas sem um espetáculo daqueles. A minha alma de poeta não suportou a tristeza daquele olhar do boi morto". Era temperamental, uma espécie de João Gilberto, pai da Bossa Nova, de seu tempo. Tinha rompantes de prima-dona, virava as costas e ia embora quando não prestavam atenção em suas apresentações. Cobrava silêncio absoluto se ele ou qualquer outro artista estivesse cantando. Frederico Rocha teria sido testemunha de muitas "grosserias de Catulo". Em casa, contou ele, quando cantava ou recitava, ou um amigo tocava violão, não raro ele se dirigia assim a algum visitante: "Por favor, retire-se. Só volte quando meu amigo acabar de cantar".

Maurício Azedo observou que a glória só fez aumentar a vaidade de Catulo. Querido pelo povo, escreveu ele, era também admirado e estimado pelas figuras da "alta" cultura famosas na época: Coelho Neto, Humberto de Campos, Edmundo Bittencourt, Irineu Marinho, Assis Chateaubriand, Monteiro Lobato, Ruy Barbosa, Pedro Lessa, Rocha Pombo, José do Patrocínio (pai e filho), José Oiticica, João Ribeiro – alguns, merecedores de perfis nos textos aqui reproduzidos. "No final da vida, ele próprio cobrava homenagens à sua grandeza". Seus escritos publicados em "Vamos ler!" tinham, em parte, esse sentido de mostrar o quanto era querido e admirado, principalmente por intelectuais e políticos.

A atenção dos ricos e poderosos não lhe bastava. "Catulo foi um homem que viveu cercado do louvor dos grandes e da estima dos humildes. Quantas vezes eu o vi saudado nas ruas pelas glórias acadêmicas e pelo servente ou o contínuo que o ouvira ao rádio, na véspera, com os olhos úmidos de encanto?", observou Murilo Araújo, que lançou a biografia do poeta quatro anos depois de sua morte. "Teve o destino raro de ser a voz de uma família humana, o pintor de suas trevas e de seus fulgores. Teve a força de ser, como os altos épicos, criador de um romanceiro nacional. Teve o dom de mover, com o estro, almas inumeráveis, como brisa do céu sobre a floresta humana", acrescentou.

E esse, prosseguiu Araújo, "foi o simples segredo dessa grande lírica e dessa imensa glória. Seu verbo agreste e vivo é o das populações brasileiras. Sua alma deslumbrou-se, ingênua, com a pura alma de nossa gente. Seu poema tem raízes na gleba, e em flor e fruto reverterá sempre ao campo em que se formou: voltará ao povo e viverá com ele". Sua morte, disse o biógrafo, confirmou essa verdade. "A partida de nenhum artista moveu e comoveu tanto as nossas multidões anônimas. O país inteiro chorou a ausência do homem puro que, em oitenta anos de singela pobreza, teve um desejo único, um só desvelo, um só tesouro — a poesia".

E, por prezá-la tanto, desvanecia-se com ela. "E conciliava a orgulhosa convicção de sua lírica com a simplicidade de sua natureza. Amigo, antes de tudo, das artes e, antes de todas, da sua arte — não deixou, por isso, de ser humano e ser bom; nem deixou jamais de ser amigo dos amigos também. Mas, ciumento da deusa, contrariava-se ouvindo elogios a outros poetas, mesmo que fossem puros gênios". Não parecia tolerar, deveras, segundo Murilo Araújo, nenhum vizinho no morro da glória. "Mas, se eram belos afinal os filhos de seu espírito, como não haveria de olhá-los com ternura tão exclusiva? Vaidoso?! Sim, mas com a vaidade pura de uma criança em roupa nova".

Araújo observou que a própria idade Catulo escondia de um jeito faceiro. Quando envelheceu, passou a raspar o crânio e a face para ocultar a ausência saliente de pelos na cabeça. E quando tentaram aposentá-lo compulsoriamente na burocracia de um modesto cargo público, o que viria a reduzir seus honorários, já tão parcos, explicou, com tristeza, a alguém que estranhou ter sido revelada sua idade: "Eu disse numa roda, 'brincando', que tinha já setenta e três anos... e, 'por perversidade', acreditaram!" Dez anos correram mais. Escreveu Araújo: "Sua mente verde e viva florescia sempre em imagens que davam frutos em poemas..."

Até que a morte veio buscá-lo. Ele, que a havia enganado tanto, como um Pedro Malasarte, como se verá neste livro. "E, então, também a Morte 'acreditou' que Catulo tinha mais de oitenta anos... E afastou-o para sempre do pobre mundo que amava e da arte que tanto honrava. Foi assim Catulo Cearense. Quando penso em sua grandeza feita de força natural, recordo sempre a estranha história de uma árvore que vi nascer exilada", anotou o mesmo biógrafo. Deixava, no entanto, outros exemplos além de seu talento de poeta, compositor, músico e cantor. Como a simplicidade, em contraste com a vaidade de um versado soberbo.

Sim, célebre em todo o Brasil e elogiado no exterior, Catulo viveu até o fim em uma condição humilde comovente, que se estendia à pequena casa a qual escolheu para passar seus últimos anos de vida. Era, como descreveu seu primeiro biógrafo, o homem que sempre fora — o mesmo simples, entre os simples. "Envelhecia, envelhecia quase sem sentir e sem que o sentissem, tal o entusiasmo e o ardor de viver, que conservou até à morte. Por esse tempo, e por muitos anos, ocupou ele um barracão hoje celebrado nas crônicas literárias".

O endereço de Catulo ficava no subúrbio distante, no número 943 da rua Dias da Cruz, no Engenho de Dentro. Era tão pobre a cabana do poeta que suas paredes internas eram feitas com lençóis estendidos à guisa de velórios. E quando esperava alguém de cerimônia, costumava dizer à sua caseira: "Maria, convém lavar as paredes, porque depois de amanhã teremos visitas importantes". As visitas chegavam na certa. "E que visitas! Ao lado dos frequentadores habituais da casa – antigos farristas, gente da plebe, homens e mulheres de cor, seresteiros ou pequenos funcionários –, recebeu naquele barracão algumas das maiores notabilidades literárias do Brasil e do estrangeiro".

O espaço se tornou um ponto de encontro quase mítico aos domingos. Ali jantavam seus mais chegados amigos das letras. Os mais regulares eram Agripino Grieco, Mário José de Almeida, Pádua de Almeida, Astério de Campos ou seu irmão Sabino, Júlio Dantas, George Dumas, Salvador Rueda, Francisco Villaespesa etc. E sempre apareciam aqueles que queriam conhecê-lo, mostrar seus poemas e lhe pedir a bênção. Catulo era um grande anfitrião, que sabia satisfazer a todos, mesmo com suas modestas refeições, porém feitas com capricho.

Certa vez, já septuagenário, teve sua testa beijada por Júlio Dantas dentro da Academia Brasileira de Letras, instituição que jamais o acolheu como imortal. Sua intenção foi reconhecê-lo como o maior poeta do Brasil. "Nenhum brasileiro, pobre ou rico, poderoso ou humilde, desconhece o valor do seu talento estival", escreveu ele. "Feio, transfigurava-se pelo gênio. Solitário, ninguém mais conviveu com o sentimental nacional". Quando Catulo morreu, todo mundo teve a convicção de que, naquela e em muitas noites seguintes, a Lua ficou de luto. E não se recuperou jamais.

NOTA DO AUTOR

COMO não posso, pelo avançado da minha idade, escrever as "Minhas memórias", para satisfazer o pedido de muitos dos meus amigos, prometi a Vieira de Melo dar, semanalmente, para "Vamos Ler!", que ele brilhantemente dirige, uma croniqueta sobre a minha vida de boêmio. São 60 anos que vou reviver.

Farei o que puder, pois o caminho é longo. Para contar toda a minha história, seriam precisos uns cinco volumes de 500 páginas cada um. Tendo de falar muito de mim, tenho também de falar sobre muitos episódios de que fizeram parte vários personagens que já se foram para o outro mundo, tão boêmios como eu.

Estas narrações não se dirigem aos intelectuais. São feitas para o povo. Não relerei o que tiver escrito. Direi a verdade, nua, sem arrebiques de literatura. Conversarei com os leitores, como se estivéssemos em perfeita intimidade.

É-me difícil escolher o primeiro assunto destas palestras. São tantos, que não sei como proceder. José do Patrocínio não será um belo motivo para a primeira? Pois seja o Zé do Pato, tal como ele próprio se chamava.

Catulo da Paixão Cearense
Rio de Janeiro, 4 de fevereiro de 1943

CAPÍTULO 1

JOSÉ DO PATROCÍNIO, O ZÉ DO PATO

1 DE FEVEREIRO DE 1913

O abolicionista José do Patrocínio.

CONHECI Patrocínio em 1900, por aí assim. Conheci-o em uma festa em casa de Luiz Goulart, seu compadre, morador à rua Amazonas, hoje Assis Carneiro, na estação da Piedade. Luiz Goulart era um negociante, no centro comercial, que gostava de dar pagodes, principalmente no mês de setembro, quando, invariavelmente, batizava um novo pimpolho, um novo filho.

Eu morava na rua Martins Costa, na mesma estação, onde tinha um colégio, em que de dia lecionava primeiras letras e, de noite, para adultos. Durante anos mantive esse colégio, chegando a ter mais de 100 alunos. Convidado para o grande pagode de Luiz Goulart, fui encontrar o abolicionista numa roda de admiradores, a contar deliciosas anedotas, que produziam deliciosas gargalhadas.

Na minha entrada, não fui percebido pelos convivas. Uma hora depois, serviu-se o jantar, animado pela alegria de todos os presentes. Coube-me em sorte ficar na mesa ao lado do brilhante jornalista. No meio do jantar, ele fez uma saudação a Luiz Goulart e à sua esposa, Sra. Salomé, em lapidadas palavras.

João Brasil, meu amigo e amigo da família, pede-me que brinde aos donos da casa; prontamente, levantei-me, e, num ímpeto, pedi a palavra. O jornalista olhou-me com um leve sorriso. Sorriso que muito me animou.

Abri a boca e comecei pedindo desculpa por perturbar a atenção dos ouvintes, depois de terem ouvido a voz sonora do orador das grandes multidões. O meu discurso foi longo e pontilhado de frases poéticas.

O orador fitava-me espantado, com os olhos esbugalhados, aprovando, com movimentos de cabeça, a minha oração. Ao terminar, recebendo uma estrondosa salva de palmas, Patrocínio, iluminado, sacudido por um entusiasmo bem visível, sem pedir a palavra, começou a falar, dirigindo-se a mim.

O homem deitava fogo pelos olhos, pelas mãos, por toda a parte do corpo! A boca era uma torrente, por onde se despencavam fragorosas tempestades de eloquência! O auditório, silencioso, vibrava, e eu nem sei o que sentia! Sei que estava contente, por ter, com o meu discurso, provocado aquela sinfonia, que terminou com uma gritaria inteligente, prolongada por muitos minutos!

E, com a mesma alegria, findou o jantar. Quando Patrocínio entrava na sala de visitas, viu uma pessoa passar com um violão, encaminhando-se para um quarto. "De quem é este violão?", perguntou.

"De Catulo", respondeu Luiz Goulart. Patrocínio exclamou para que todos o ouvissem: "Catulo, se afinares o teu violão pelo brinde que proferiste há pouco, confesso-te que serei teu!"

Pois bem, quando saquei o violão da caixa que, por sinal, era uma caixa de papelão, num rompante de triunfador, todo perfilado, desafiando o auditório, empunhando o instrumento, volto-me para Patrocínio e pergunto-lhe:

"Mestre! De que gênero gosta?"

A resposta foi fulminante! Nunca mais me esqueci dela! Pois o grande homem, fitando-me, também, com provocadora ternura, exclamou:

"De que gênero gosto? Do belo!"

Que grande resposta! Dirigi-me à janela (a casa era um sobrado sobre uma ribanceira), olhei o céu todo estrelado, ajoelhei-me, tirei o acorde de afinação e cantei, ou antes, solucei a minha modinha "Invocação de uma estrela".

Ao findar, quase morro sufocado pelos abraços de Patrocínio, como um doido a correr pela casa, reclamando outra modinha tão linda como aquela! Feito o silêncio, cantei-lhe "Os olhos dela". Novos aplausos! Novos abraços!

Quem duvidar do que estou dizendo, leia o que escreveu Zeca, filho do jornalista e que publiquei em dois dos meus livros, servindo de prefácio dos mesmos. Patrocínio Filho compôs essas páginas antes quatro dias de morrer! Sua esposa contou-nos aqui que ele escarrava sangue enquanto escrevia! Estava em Villemaison, na França, "Seine et Oise". Isto no fim do mês de maio de 1928.

Mas, prossigamos. A festa de Luiz Goulart durou toda a noite, até às oito horas da manhã! A essa hora, saímos os dois, eu e Patrocínio, a caminho da estação. Eu ia cantando pela rua e ele aplaudindo-me! Que esplêndido escândalo!

Tomamos um trem para a cidade e nos abancamos num carro de segunda classe. Aí o concerto tomou mais sérias proporções! Eu cantava e os passageiros, vibrando com Patrocínio, manifestavam sua alegria numa algazarra alucinante!

O chefe do trem já tinha dado ordens aos seus auxiliares para que não passassem por aquele carro, pois Patrocínio e Catulo haviam-no transformado num teatro lírico! Que belos tempos! Como se vivia antigamente! Como era simples boêmio esse homem, esse redentor de raça ora vingada!

Quem se animaria a interromper aquele espetáculo, aquele "concerto" matinal, pois sempre que acabava uma modinha, Patrocínio improvisava um brinde a mim, uma saudação ao Brasil, homenageando a nossa Pátria! Belos tempos! Belos tempos!

Ídolos dos homens sem instrução

Depois dessa festa de Luiz Goulart, estive em casa do jornalista, na Rua do Riachuelo, em outra festa que ele ofereceu ao maestro Francisco Braga, que lá se achava presente. A casa estava cheia! De cantores só eu! Comedorias e bebedorias não faltavam! Os maiores bebedores éramos eu e o anfitrião. Era uma dose de dez em dez minutos.

O espírito jocoso e a alegria andavam por todos os convivas! A ceia foi retumbante! Num brinde, Patrocínio apresentou-me. Nesse tempo, já eu era conhecido, mas não muito, principalmente dos intelectuais.

Com as palavras do orador, o auditório ficou perplexo, como em dúvida! Num improviso modesto, agradeci-lhe aquela elogiosa apresentação. Ele havia provavelmente exagerado, confesso. Foi além do que devia ir!

Mas confesso também que não tive receio de não ser acolhido pelos intelectuais! Nada me fazia temer! Fui um cabra atrevido e sempre cônscio do meu valor. Já era nesse tempo o ídolo dos homens sem instrução e isto me bastava. Chegou, assim, o momento de exibir-me! Afinei o "pinho" [violão], depois de ter libado um cálice de Parati especial [cachaça], tocando com o meu cálice o de Patrocínio, que era uma caneca espessa, de modo que ninguém sabia o que ela continha. Aquela última libação seria a centésima desde o início da festa!

  O leitor conhecerá a minha canção "O sertanejo enamorado", cuja música é a de um dos mais conhecidos tangos do grande Ernesto Nazareth? Esta canção está no meu antigo livro de modinhas "Lira dos Salões". É um hino ao caboclo, ao sertanejo, que vive em sua choupana, deslembrado de todas as grandezas deste mundo, de todo o luxo da cidade, de tudo quanto é artificial.

  Conhece o leitor essa canção? Pois foi essa a primeira que cantei. Não se admire do que vou dizer! Tive de cantá-la 15 vezes, porque, logo ao começo, Patrocínio interrompia com gritos estrondosos de entusiasmo! Tinha assim que recomeçá-la outra vez. O auditório, desejoso de ouvir o fim, pedia ao jornalista que não me interrompesse.

  O homem prometia, mas, logo em seguida, sem cumprir a promessa feita com tanta solenidade, exclamava: Bravos! Bravos, Catulo! Nesse ponto, a Sra. Bibi, sua esposa, seriamente indignada, levantou-se da cadeira, veio para o meio da sala, bateu-lhe no ombro e gritou:

  "Seu Patrocínio! Agora sou eu quem lhe pede, quem lhe suplica para conservar-se silencioso até o senhor Catulo concluir a sua canção, ouvida religiosamente por todo este nosso ilustre auditório! Já quinze vezes o Sr. o interrompeu e eu, envergonhada, lhe afirmo que isto já parece ignorância de sua parte!"

  O auditório pasmou com aquela repreensão! O repreendido ergueu-se e jurou que ficaria silencioso, nem mais fazendo um gesto, enquanto eu estivesse cantando! Virando-se para mim, sussurrou-me ao ouvido: "Catulo, espera. Vamos sorver um trago, pois agora, censurado por minha santa mulher, vou te ouvir religiosamente mudo! Vem cá!"

  Pegou-me pelo braço e levou-me à sala de jantar. Derramou duas porções de "cognac" (conhaque) com dois copos e saudou-me: "A nossa! Bebemos e voltamos à sala de visitas, onde todos, com ansiedade, nos aguardavam". A Sra. Bibi, por causa das dúvidas, repetiu:

"Seu Patrocínio, jura conservar-se calado como há pouco nos prometeu?"

"Juro Bibi!", respondeu ele, beijando os dois dedos em cruz.

Fingi estar com a garganta ressequida e fui, a seu convite, tomar um copo com água e açúcar, na saleta. Prontamente, em dois copos, ele me apresentou a água com açúcar, que era outra dose mais reforçada do que a última de "cognac" [conhaque]. Com franqueza franca: as nossas cabeças, a minha e a dele, já começavam a rolar de tanta libação!

Entramos os dois na sala, vitoriosamente, Patrocínio implorando silêncio e eu empunhando o violão! Vibrei um dulcíssimo acorde e dei começo à canção. Aí, meu querido leitor, dois minutos passados, o homem que com tanta solenidade tinha feito o juramento, beijando os dedos, meteu a mão direita no bolso, com a esquerda passou "um arrepio" nos cabelos e exclamou, em altas vozes, como um doido, um possesso:

"Bravos!"

CAPÍTULO 2

JOSÉ DO PATROCÍNIO, O ZÉ DO PATO (PARTE II)

11 DE FEVEREIRO DE 1913

FUGIU da sala, correu para os fundos da casa, deixando todos numa completa perplexidade! Eu via que era conveniente continuar a modinha, para evitar uma repreensão mais áspera da Sra. Bibi! Terminei a canção, seriamente preocupado com o que iria suceder depois.

Pois, meus caros leitores, findando as palmas, tão fortes que abalaram os alicerces da casa, palmas prolongadas, sem exageração, por três minutos, aparece, vindo lá de dentro, Patrocínio, pálido, contrito, como um homem que tivesse acabado de perpetrar um horroroso assassínio!

A palidez era tão comovente, que todos os que me aplaudiram ficaram com medo de um acesso de loucura! Patrocínio tirou o lenço do bolso, enxugou a fronte bronzeada, fitou o auditório com soberania, beijou-me e, ajoelhando-se aos pés da Sra. Bibi, suplicou-lhe, com as mãos súplices:

"Perdoa". Levantou-se e, pedindo perdão por ter quebrado o seu juramento, produziu uma das mais belas orações que já ouvi durante toda a minha vida! Ouvi muitos oradores, mas como esse preto naquela noite festiva, nenhum! Nenhum!

Alguns choraram de comoção! A senhora Bibi, de pé, ouvia o seu esposo em êxtase divino! Ninguém ousava perturbar aquele Demóstenes brasileiro! Duvido que Demóstenes fosse tão arrebatador como ele! Sim! Duvido! Pois, ao terminar, com o turbilhão de palmas que recebeu, atirou-se aos meus braços, beijou-me, beijou-me repetidamente, ordenando-me repetir a canção do sertanejo!

Repeti-a. E agora quem me interrompia não era Patrocínio! Eram os que, me ouvindo e lembrando-se da sua oração anterior, gritavam: "Bravos, Catulo! Bravos, Patrocínio!"

Era alta madrugada. Os convivas despediam-se com saudades da noite festiva. O grande homem deixou que todos saíssem para dizer-me: "Espera."

Esperei, sorvendo mais uma dose daquele néctar dos deuses! Ele acompanhava-me, fielmente, em todas as dosagens. Por fim, disse à Sra. Bibi, que me ia deixar até a esquina, botando-me no bonde.

Dona Bibi recomendou-lhe que voltasse logo, já que eu não queria ficar para o almoço. Saímos e entramos no primeiro botequim. Patrocínio queria refrescar a garganta! O botequineiro, honrado pela sua presença ali no seu botequim, brindou-nos com uma valente misturada, preparada por ele mesmo.

Já vinha amanhecendo. Sorvidas umas seis misturadas de meio copo cada uma, chegou a minha vez de ir levar Patrocínio até a porta de sua casa. Não estava embriagado, mas expectorava de dois em dois minutos umas golfadas de tudo quanto havia ingerido!

Deixando-o em casa, vi-o subir as escadas e desaparecer, "soluçando" outras golfadas da divina misturada! Dirigi-me ao meu tugúrio, onde cheguei às oito horas da manhã, ferrando no sono, depois da última libação.

Dormi a sono solto!

Agora os leitores vão ficar surpresos! Ao meio-dia em ponto, "José do Pato" entrava pela porta adentro. Lépido, farfalhante, como se tivesse dormido uma noite tranquila; calmo, sossegado, como se nada tivesse acontecido, como se durante a festança só tivesse bebido água límpida, indo me acordar na cama, para que me preparasse e fosse com ele almoçar o "enterro dos ossos", pois assim o exigia Sra. Bibi!

Que belos tempos! Que saudade!

Ainda tinha muito que contar sobre o herói da Abolição. Tinha muito que dizer sobre o célebre Balão (!) e sobre a sua morte, mas ficarei por aqui. Vou pensar em outros personagens, motivo de outras palestras com os leitores, se não resolver o contrário, falando ainda sobre o genial boêmio, o Cristo dos escravos.

Ainda vou tratar de Patrocínio, como prometi. O amigo jornalista, se eu não tivesse de ocupar-me com outras figuras interessantes, ainda me forneceria assunto para muitas crônicas como esta.

Vamos exumar um caso sobre a sua última enfermidade, de que, provavelmente, ninguém se lembra mais, ou, o que é mais certo, todos ignoram. De sua família só resta um filho, que, segundo ouvi, vive há muito tempo na Bahia. Esse era muito novinho, quando seu pai faleceu.

Patrocínio estava morando numa casa, na Piedade, bem em frente à estação, em frente à casa do agente, onde se vendiam bilhetes de passagens. Eram quatro horas da tarde, quando saí de lá, para voltar à noite. A essa hora, o enfermo já estava agonizante.

Eis as frases de Dona Bibi, ao despedir-me: "Venha o mais cedo possível. Quando voltar, talvez, não o encontre vivo". Quando voltei, encontrei a casa toda fechada! Fiquei pasmado! Que teria acontecido? Procurei um amigo, vizinho do jornalista, e soube que ele fora levado em um carro do leiloeiro Assis Carneiro para a residência de Luiz Goulart, à rua Amazonas, que hoje tem o nome daquele leiloeiro.

Atirei-me a correr para lá. Patrocínio já estava num quarto, contíguo à sala de jantar. Fui logo sabedor do que tinha sucedido. Os médicos o tinham desenganado. Garantiram não ter vida até o dia seguinte.

Goulart, diante dessa fatalidade, foi imediatamente consultar um afamado espírita do Meyer, cujo nome não me ocorre. Afirmou-lhe o espiritista que a sua moléstia era grave, mas não morreria dentro de uns três anos. Goulart, crente, tratou logo e logo de o levar à sua casa, ficando aos cuidados do médico do outro mundo, obedecendo às ordens do seu confrade.

Saindo de madrugada, depois de ele tomar os remédios do milagroso curador, deixei mais sossegado o enfermo e as duas famílias bem animadas. Pois bem. Patrocínio foi melhorando, dia a dia, e no fim de uma semana, conversava, com entusiasmo, maravilhado com o milagre do milagroso médico do além, seu salvador.

Daí por diante, todas as noites, ia eu visitá-lo, pois eu morava na rua Martins Casta, na mesma estação da Piedade, onde tinha um colégio. Palestrávamos juntos até dez horas, em ponto. A essa hora, Luiz Goulart exigia que cessassem as palestras. Eram severas as prescrições do espírita.

O convalescente suplicava de joelhos que me deixasse ficar ali por mais meia hora! Goulart não cedia. Durante três meses, ia vê-lo todas as noites. Conversávamos, até chegar a hora fatal e o seu compadre dizer: "São horas!"

E, com o pesar de ambos, terminava a tagarelice. Nos sábados e domingos, levava comigo companheiros músicos, como Anacleto, Luiz de Souza, Irineu de Almeida e outros artistas de renome. Patrocínio ouvia-nos com delirante alegria! Era um melomaníaco.

Quando saíamos da casa de Goulart, íamos tocando pela rua, até chegarmos à estação, onde a serenata se prolongava até os primeiros albores do dia! Assim, fizemos, como já disse, por muito tempo.

Patrocínio contava-me fatos, fatos que fariam parte de "Minhas memórias", se as escrevesse. Contou-me, ele próprio, toda a sua vida! As palestras eram íntimas, porque eram só entre nós dois. Quando aparecia alguém, Bibi ou Zeca, ele mudava de assunto.

Não fora um grande devoto do espiritismo, mas, agora, confessava que muitos de seus discursos, no tempo da abolição, foram feitos, inconscientemente, tal se um ente estranho estivesse dentro dele!

Houve dias em que proferiu seis falações em menos de uma hora, sem ter certeza do que estava dizendo! Jurava que se vivesse mais mil anos, havia de escrever um livro sobre o seu salvador, o homem do Meyer.

Era impossível duvidarmos do espiritismo. Quantos momentos gozei, ouvindo o fulgurante jornalista versando assuntos transcendentes sobre o combate à escravidão e sobre a sua existência de boêmio? Tendo-me somente como ouvinte, parecia estar discursando para um numeroso auditório.

Que o leitor me perdoe a imodéstia: o grande homem tinha fanatismo por mim!!! Para ele, ninguém cantava, ninguém recitava, ninguém dizia melhor do que eu. Mandava-me chamar para ouvir as crônicas que escrevia semanalmente para *A Notícia*, lidas por mim! Sempre que eu cantava ou recitava os meus versos, era infalível ver-lhe a comoção na fisionomia bronzeada. Mas, abreviemos.

No fim de uns três meses, Dona Bibi zangou-se com uma empregada de Dona Salomé, esposa de Luiz Goulart, causando sérias desavenças entre as duas. Dona Bibi era uma excelente senhora, um coração de ouro, mas um pouquinho geniosa.

Patrocínio, como era de prever, tomou o seu partido. Mudaram-se para uma casa velha, à rua Dr. Bulhões, no Engenho de Dentro. Não mais se visitaram! Enviei uma carta a Patrocínio, lamentando a desavença e pedindo reconciliação.

O fogoso tribuno enviou-me outra, que está em mãos do professor Astério de Campos, que não a dá por uma fortuna! É uma maravilha de eloquência! É pena eu não poder contar ao leitor o motivo banal do estremecimento entre Dona Bibi e Dona Salomé, refletindo-se entre o tribuno e o seu amigo e compadre.

Foi um caso de infantil psicologia. Mas o respeito aos mortos e aos grandes homens ordena-me que fique silencioso e não relate o fato. Boas gargalhadas daria o leitor, se eu lho contasse! Mas... abreviemos.

Um dia, pela manhã, vindo de um "choro" em casa de João dos Santos, "choro" que durou quatro dias, como os de outrora, entro eu com José Rabello, pela casa de Patrocínio adentro, à rua Dr. Bulhões. Entrei cantando uma canção de que ele muito gostava: "O cair das folhas".

Disse-lhe que ia publicar um livro de modinhas... (nesse tempo, ainda não tinha poemas, que só vieram à luz em 1912...) e desejava que ele dissesse alguma coisa sobre o mesmo. Foram estas as palavras textuais de sua resposta: "Com indizível prazer, meu Catulo, farei o que você me ordena. Só lamento não ter competência para tanto".

Depois, abraçando-me, acrescentou: "Venha buscar o seu prefácio depois de amanhã". No dia seguinte, soube por pessoa de minha inteira confiança que Dona Bibi, não obstante ser minha fervorosa admiradora, tinha-se oposto a que o meu nobre amigo me desse o prefácio, como prometia.

Achava que o seu ilustre esposo se diminuiria, elogiando um livro de modinhas!! Que esplêndida bobagem!!! Que tolice! Que infantilidade! Repito que por esses tempos era ainda trovador, mas afamado e aplaudido pelos mais conspícuos intelectuais.

O poeta dos poemas só veio depois. Nunca mais procurei Patrocínio! Sabia que ele obedecia a sua consorte, cegamente. Não quis pô-lo em dificuldade. Deixei de mão o dito prefácio e publiquei o livro "A lira dos salões".

Um dia, soube da morte do inolvidável jornalista, do homem que vivera mais alguns anos, como afirmou o espírita, desmentindo a palavra dos médicos, sentenciando na última hora que ele não chegaria ao dia seguinte!!!

Viveu esses anos alegre, passeando e compondo os seus famosos artigos para *O País* e *A Notícia*. Não sei como explicar o fato, mas juro que estou dizendo a verdade. Diante da realidade, todos temos que nos curvar. Mas... continuemos.

Não podendo ir ao cemitério, disse-lhe o último adeus de um sobrado, uma casa de bilhares, quase em frente ao teatro São Pedro, atualmente João Caetano. As minhas breves palavras causaram viva sensação aos que acompanhavam o féretro.

Fiz, muito veladamente, referências queixosas ao aludido prefácio. Zeca, muito pálido, ouvia aquele meu adeus, cabisbaixo e abatido. Lembro-me que Dr. J. J. Seabra [ex-governador da Bahia] soltou um "bravo" — num certo trecho do meu discurso. Pois bem.

Passam-se anos. Zeca, seguindo a sua trajetória aqui, e no estrangeiro, e eu nas habituais folias. Por muito tempo não nos vimos. Mas quando ele voltou de fora, Mario José de Almeida, a quem Zeca idolatrava, o Mario, esse feiticeiro do talento e da inteligência, aproximou-nos de novo.

Levou-me a ler "O evangelho das Aves", à casa do brilhante cronista, à Rua do Riachuelo, se não estou enganado. O brilhante cronista vibrou! Não só ele, como sua senhora, inteligente e culta.

Mário me garantiu que Zeca, desde que ouviu o meu poema das aves, queimou todos os livros que ia publicar. Madame, sua esposa, disse-nos que antes poucos minutos de falecer, fitando um crucifixo, disse-lhe, baixinho: "Catulo está aqui, ao meu lado, lendo 'O evangelho das Aves'"! Poucos instantes passados, serenamente, desprendia o último alento. Morreu ele em Bois de Villemoisson, na França.

Não concluirei, porém, sem contar-vos o que aconteceu uma noite, ao anunciar-lhe que ia publicar um novo livro de poesias. Mário José testemunhou este fato e não se cansa de recordá-lo, porque considera-o um fenômeno espírita.

Mario não é, positivamente, um espírita. É um homem que crê em tudo e descrê em tudo e descrê de tudo. Tudo merece-lhe respeito, mas duvida de tudo. Esta são próprias dos homens de genial talento.

Pois bem, meus caros leitores. Ao anunciar a Zeca a publicação do meu novo livro, Zeca, fitando-me com energia, em altas vozes, como instigado por alguém invisível, gritou: "O prefácio é meu!" Eu empalideci e Mário também.

Instantes volvidos, Mário, pousando a mão sobre o ombro, sentenciou: "Na ocasião em que Zeca, num ímpeto iluminado, gritou 'o prefácio é meu', eu vi a alma de Patrocínio, abraçada com ele, sussurrar-lhe aos ouvidos: 'Já que teu pai não prefaciou o seu livro de modinhas, prefacia tu, meu filho, o seu livro de poemas'".

Se o leitor quiser deliciar-se com esse prefácio de José do Patrocínio Filho, o Zeca, procure-o no meu livro — "Meu Sertão" —, edição de 1942, a última publicada pelo Sr. Américo Bedeschi. E até outra vez.

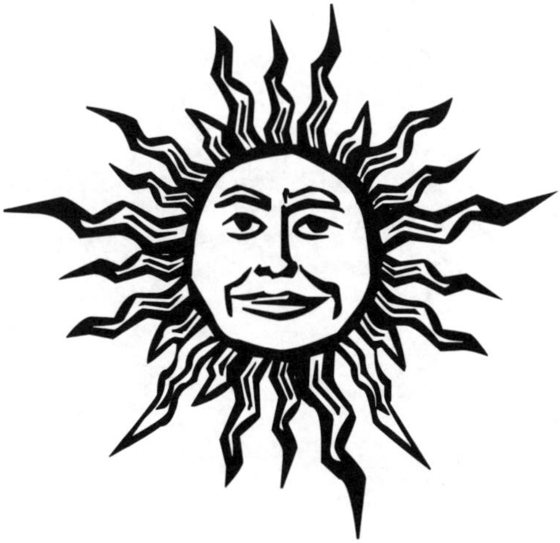

CAPÍTULO 3

O MEU AMIGO EDMUNDO RAMOS
18 DE FEVEREIRO DE 1913

"No céus, na terra, em tudo!" é o título desta caricatura de Catulo por Romano, em 1921.

EDMUNDO Ramos foi um dos mais desbragados farristas do meu tempo. Era um moço de 28 anos, bonito, elegante, simpático e com uma voz de barítono extensa e atenorada. Vi-o, pela primeira vez, em 1888, em uma noitada de farra, no hotel Sereia, na praia de Botafogo, entre a rua de São Clemente e a Voluntários da Pátria.

Era seu proprietário um português de nome Salles, homem alegre e folgazão. Esse hotel era muito frequentado pelo pessoal de alta roda, que, com as suas respectivas madames, ia ali cear por alta noite. Tinha na frente um pátio florido, que recebia nas noites de calor o refrigério das brisas, vindas do mar, sempre calmo.

Começava a ter vida por altas horas, quando vinham chegando os seus frequentadores com as suas senhoras, gente refinada e cheia das notas. A rapaziada da antiga Escola Militar lá se reunia para as suas serestas noturnas.

Naquele tempo, quem pegasse num aluno ou num oficial daquela Escola, estava pegando num músico. Eu era assíduo numa "República" de estudantes, na rua da Passagem, num sobradinho, ainda há pouco existente. Essa "República" era o quartel-general dos foliões.

Quando um deles encontrava algum, conduzindo uma frigideira com um leitão, um peru ou uma carne assada, perguntava logo para onde ia aquele pitéu. Comunicava aos outros companheiros e, de noite, saía o bando para "cumprimentar" os donos da festança.

A rapaziada distinta, levando os seus instrumentos para a música do casamento, batizado ou aniversário, era acolhida com proverbial simpatia. Dentro de minutos, já estavam todos familiarizados, cada um com a sua Dulcinéia, ostentando a sua coroa de triunfador! Eu lá estava com o meu violão e a minha garganta de trovador.

Não se passava uma noite que não houvesse um "choro" ou festa familiar. Lembro-me de que o engenheiro e médico Saturnino Cardozo era o orador oficial da turma. Não havia pagode sem discursos. Falavam mais de 10 oradores! Era um combate de eloquência vulgar. Assim, passava-se a vida trabalhosa, mas iluminada pela chama de um ideal, que enlaçava os corações da mocidade.

O materialismo não achava guarida na alma da sadia rapaziada. Um poetastro, que hoje vale menos que um caixeiro de venda da praça, era aclamado com carinho e entusiasmo. Quando alguém, me apresentando a um amigo, dizia: "Esse é o poeta Catulo", eu ficava inchado de orgulho, como se fosse o rei dos mundos! Hoje, se me apresentam com esse título, fico envergonhado!

Convenço-me de que a minha época passou. O poeta, tão falado, transformou-se num poeta banal, num tocador de realejo fanhoso e desafinado. A poesia de hoje pertence aos moços do futuro. Com exceção de alguns poetas, tudo vai desaparecer fatalmente. Se eu tivesse poderes para tal, queimava numa enorme fogueira toda a versalhada que produzi e tudo que os insulsos bardos produziram, como eu.

Aproveito a ocasião para pedir perdão aos gênios hodiernos, por ter escrito um chorrilho de bobagens e ter consentido que essa velharia fosse publicada. Basta, porém, de divagações, e reatemos a história do meu amigo inolvidável Edmundo Ramos.

Numa encantadora noite de São João, chegando por volta de uma hora da madrugada no "Sereia", vi um moço louro, sentado a uma mesa, bebendo e conversando com um companheiro. Encostado na parede, estava um violão. Estranhei aquele hóspede, completamente desconhecido para mim, frequentador constante daquele hotel. Aquele moço, bonito e atraente, parecia um Adônis no meio daquele mulherio fascinador!

Procurei outra mesa do lado oposto e pus-me a olhá-lo com curiosidade. Notei que ele fazia o mesmo a meu respeito. A freguesia já estava bastante animada. Mulheres em penca e formosíssimas; após repetidas libações, o moço louro levantou-se, encarou com altivez o numeroso auditório, entregou o "pinho" [violão] ao companheiro e soltou a voz!

Admiração geral! O moço louro, com uma fagueira elegância, começou a cantar um romance de Tolstói, com voz potente, mas suavíssima. O do violão acompanhava-o, como um legítimo profissional. As mulheres deixaram os seus pares masculinos e, tomadas de espanto, rodearam o cantor.

Ramos terminou o seu romance com uma tremenda salva de palmas de todos os convidados! Era um encanto a sua voz! Daquela hora em diante, não lhe faltou mais bebida de qualquer espécie que fosse! Notei que um cavalheiro, disfarçando, lhe passou uma pelega, recebida por ele quase com indiferença!

Dez minutos passados, cantou, pela segunda vez, a pedido de uma morena. Foi uma canção muito em voga: Penso em ti. A sua voz mais e mais se dulcificava! Ao terminar, as mesmas palmas, os mesmos aplausos calorosos! Uma jovem, de rara formosura, tirou do próprio seio uma rosa e colocou-a na lapela do Ramos, o moço louro!

Nisto, aparece Salles e dirige-se a mim. Falando ao auditório, pediu silêncio, pois iam ouvir o afamado trovador Catulo Cearense. O auditório emudeceu, pasmado! Quem se atreveria a cantar, depois daquele sonoroso gaturamo?! Ramos fitou-me com um sorriso enigmático, não sei se debochativo ou de surpresa!

Pareceu-me mais provocador. Não lhe dei importância. Sabia estar ali um finíssimo trovador lírico, mas não me apavorei com a sua garganta de cristal. Empinei uma dose de absinto com cerveja, posei o violão sobre a mesa e desferi uma das minhas modinhas, a mais bela, talvez, do meu repertório: Noite de lua.

Ramos tinha uma voz mais forte do que eu. Voz cristalina, sem dúvidas, mas eu tinha também uma voz de ouro e vencia-o na dicção impecável, inimitável. Pois bem: ao proferir o último verso da minha canção ao luar, repetiram-se os aplausos que Ramos tinha recebido, mas, desculpem-me a modéstia, um pouquinho mais fervorosos.

Ramos empalideceu! Os vivas a Catulo lhe fizeram mal. Em vez de uma rosa, recebi flores de todas as mulheres, em geral. Ramos, cada vez mais, empalidecia. O ciúme o matava. Formaram-se dois partidos. Os homens, do lado dele, as mulheres do meu lado.

Ele cantava uma canção; eu cantava uma modinha. Às quatro horas da manhã, fechou-se o tempo! Os homens queriam me atacar, as mulheres não consentindo que eles me agredissem, investiam contra eles.

Salles delirava! Com as mãos para o céu, pedia calma. Mesas quebradas, cadeiras partidas... o diabo a quatro! Ramos atirou-me um copo na fronte, fazendo-a sangrar abundantemente. Eu joguei-lhe uma garrafa no nariz, quase o arrancando. A coisa acabou com a intervenção da polícia, conduzindo à delegacia os dois orfeus lutadores.

Salles teve um prejuízo considerável. Depois de uns conselhos, o delegado, meu apreciador, saímos os dois com cara de condenados, olhando um para o outro rancorosa e ameaçadoramente. Ramos entrou no primeiro botequim. Eu entrei também. O sangue borbotava ainda das nossas machucadelas. Ramos bebeu uma dosagem: eu bebi outra. Ele repetiu: eu repeti.

De repente, num ímpeto convulsivo, atira-se aos meus braços, chorando e beijando-me ao mesmo tempo! Chorei como uma criança! Esgotadas as lágrimas, fomos almoçar num hotel da rua do Resende. Ramos tinha conquistado umas pelegas dos marmanjos e eu, outras das mulheres. Desde essa hora tornamo-nos amigos inseparáveis!

Todas as noites, fazíamos serenatas pelos subúrbios. As janelas se abriam todas para ouvir os dois célebres trovadores. A polícia nunca nos perturbou. Sempre nos recebia com admiração. Muitas vezes nos pedia para irmos cantar sob a janela de suas namoradas. A Cidade Nova era o mais belo teatro dos nossos "concertos". Assim, leitor, passamos tempos e tempos felizes, reproduzindo todas as noites as mesmas saudosíssimas serenatas. Éramos dois irmãos.

Ele se arrebatava com as minhas modinhas; eu me arrebatava com as suas canções! O mundo nunca viu dois amigos mais amigos do que nós! Ele servia de alcoviteiro para mim; eu servia de alcoviteiro para ele! Juramos um dia que haveríamos de escolher uma só mulher para os dois.

Ela se conservaria virgem, para ser, por toda a vida, a nossa santa inspiradora! De uma feita, quase realizamos esse ideal. Ela queria. O pai não permitiu essa união de sacrossanta trindade! Seria uma união inédita.

E, para concluir, devo confessar-vos, caros leitores, que, até hoje, nunca me foi possível compreender porque as mulheres ficaram de meu partido naquela célebre noitada do hotel "Sereia". Um verdadeiro mistério!

Ramos era um homem adorado por todas as mulheres. Eu lhe conhecia a vida íntima. Vi mais de 50 moças de boa família apaixonadas por ele! Algumas até com fortuna. Onde Ramos chegasse, ninguém mais teria a atenção amorosa de uma mulher.

A sua formosura varonil seduzia. Pois bem. Afirmo que esse boêmio só amou uma vez em toda sua vida. Quem foi a musa do seu único amor? Prepare-se o leitor para rir, quando eu lhe disser. Recebia com paciência e calma todos os amores de todas as belezas, que se entregavam a ele! Nenhuma o demovia daquela paixão enraizada no seu volúvel coração! Mistério! Mistério! E só mistério!

Nota

Vou reservar para outra crônica o fim da vida original desse boêmio — Edmundo Ramos. O leitor, se não for corajoso, não me lerá até o final da sua morte: não houve, não há, nem haverá um homem mais extravagante do que esse meu inigualável amigo. Que saudade daquela saudosa noite de São João, no "Sereia", há tantos anos desaparecido!

CAPÍTULO 1

O MEU AMIGO EDMUNDO RAMOS (PARTE II)

25 DE FEVEREIRO DE 1973

ENTRE as namoradas de Edmundo Ramos, devo fazer especial referência a uma moça de arcangelical beleza, filha de um negociante riquíssimo da antiga Rua do Sabão. Teria uns 17 anos. Era o "Ai, Jesus" do velho português. O amor dessa moça foi tão intenso, que fez o pai render-se, sabe Deus com que desgosto, às suas súplicas de filha idolatrada!

Tanto assim que, um dia, Ramos foi chamado para ter uma conferência com o velho. Eu fui com ele. O velho, chorando, confessou-lhe que a moça tinha uma extraordinária paixão por ele. Estava certo de que se ela não se casasse, morreria. Sabia que ele não tinha emprego, a não ser de serestas de sua predileção.

Isso, porém, não impediria o casamento, porque ele podia, desde aquele momento, considerar-se como um empregado de categoria no seu estabelecimento. Depois de concluir todo o seu paternal discurso, quando esperava que o boêmio lhe caísse aos pés, agradecendo-lhe, banhado em lágrimas, ouviu, estupefato, esta palavra seca e áspera da boca do Ramos: "Impossível!".

O milionário desmaiou! É impossível descrever a sua admiração, o seu profundo pesar! Não houve mais pedidos que fizessem o meu amigo mudar de resolução! Ramos acabava de espezinhar o coração de um anjo, de espezinhar uma fortuna, pois a jovem era a herdeira única do velho negociante! A moça, como já disse, era bonita, educada e rica! Não parece, ao leitor, que eu estou exagerando?

Mas, para não nos alongarmos, continuemos a falar da vida tumultuosa do boêmio. Por muitos anos ainda, vivi com ele nas serenatas e festas noturnas. Enquanto de dia eu estudava e lecionava para ganhar a vida, o folião entregava-se aos braços de Morfeu, reconfortando-se para prosseguir, logo à noite, na sua devoção à luz das estrelas!

Certa vez, quando fazíamos uma cantata no jardim da casa de uma das suas prediletas, Ramos teve uma hemoptise, justamente ao terminar a modinha. Não ligou, e deu começo a outra canção "Sou eu" — muito em voga naquele tempo. No meio, repetindo-se a hemoptise, tossindo desesperadamente, bateu-me no ombro, pedindo que eu continuasse a cantar a modinha!

Fiz-lhe a vontade. Só então foi possível levá-lo para casa. Ramos ainda queria cantar um lundu para uma família, moradora defronte da sua casinha. A muito custo, foi-se deitar. Eram quatro horas da madrugada.

No dia seguinte, procurei-o. Achei-o de pé, conversando com uns farristas e projetando uma monumental serenata para a noite. Os habitantes pagodeiros, horrorosamente encachaçados, encordoavam os "pinhos" para a grande farra!

Eu não podia tomar parte na mesma, por ter um sério compromisso. À hora do jantar, vi Ramos devorando um pedaço de carne seca, com molho de pimenta e pirão de água fria, regando isso tudo com um litro de Parati (cachaça), que mais parecia álcool de elevado grau!

Quando lhe perguntei como ia das hemoptises, ficou muito admirado, pois já não se lembrava mais delas! O leitor pensará que estou fantasiando. E eu lhe direi que estou contando os fatos, resumidamente.

Pois, se estou fantasiando, perguntar-lhe-ei: Sabe qual era a farra combinada para a noite? Simplesmente isto: tocar na casa de um farrista falecido naquele dia, morador numa rua deserta, distante muitos quilômetros dali.

Eu não os acompanhei, mas pedi que um amigo meu os acompanhasse, para contar-me o caso daquela serenata macabra!!

Eis o que presenciou o meu amigo, um moço de costumes moderados e de vida recatada. Antes de começar a narração, jurou: "Nunca mais cairei noutra!" E começou a falar, dizendo que toda aquela fúnebre pagodeira era para satisfazer um pedido do morto, solenemente realizado naquela época. O morto, estirado sobre um velho banco, só tinha como vela uma lâmpada de azeite, iluminando de escuridão a sala mortuária! Quadro pavoroso!

Não para os farristas, completamente embriagados, vivando o companheiro inanimado e tocando "choros" no violão, na sanfona e no cavaquinho! E, assim, passaram toda a noite. Ao romper o dia, disse-me ele, terminando, fugi, sem despedir-me, para não assistir ao enterro de Manoel Cachimbo, como chamavam o extinto.

Se eu tivesse espaço e tempo, contaria ao leitor o que ouvi, depois, da própria boca de Ramos. Passemos adiante. É melhor. Vamos ao final da existência originalíssima do nosso homem.

Por muitos anos ainda, vivi com ele, na mesma boemia. As hemoptises cessaram de vez. Mas narremos este caso interessante. Uma noite de 8 de dezembro, Ramos saiu com o bando de malucos e foi cantar na casa de um amigo, que festejava todos os anos a glória de Nossa Senhora da Conceição.

Lá fomos todos. Na sala, via-se um altar, fartamente iluminado, onde a santa Mãe de Deus recebia todas as preces dos fiéis. Ramos, logo ao entrar, recebido pelos donos da casa, ordenou que os violonistas empunhassem seus "pinhos" [violões], e começou a cantar! Não se ouvia uma palavra! O cantor estava completamente afônico!

A sua voz era um rumor surdo e apagado! Sussurrou o "canto" durante três minutos e preparou-se para se retirar com os companheiros. Disse a todos, escrevendo a lápis, num papel, que, embora a santa lhe tivesse estrangulado a voz na garganta, ficando desapiedadamente entupida, ele se achava ali firme, como sempre, para render-lhe a sua homenagem.

Disse que se ela não lhe escutou a voz da garganta, escutou-lhe a voz do coração! E isso era o que mais lhe interessava. Sorveu umas talagadas da branquinha e foi noitivagar com os seus irmãos de farras.

Só vi Ramos triste numa manhã em que lhe morreu um sabiá! Triste é um modo de dizer. Seria melhor dizer: saudoso! O velório foi feito com os costumados violões e cavaquinhos. O flauta só tocou uma vez: ao sair o enterro, pois o sabiá foi sepultado num capão de mato, aos fundos da casinha de Ramos.

O "choro", feito pelo próprio flautista, chamava-se: "O último suspiro do sabiá". O pássaro morto o estaria ouvindo?! Quem sabe?! Só vos posso assegurar que todas as semanas, por altas horas, Ramos ia cantar à sepultura do seu irmão de penas, fazendo o flautista repetir a música que lhe foi oferecida.

Ora, numa sexta-feira, Ramos teve uma inesperada hemoptise, desta vez muito séria. Foi sufocado por golfadas de sangue, numa serenata, à porta de um professor, em Catumbi. Recolhendo-se ao seu tugúrio, viveu ainda 15 noites e 15 dias de martírio! Febre alta, dores pulmonares e rebelde dispneia. Não se alimentava. Apenas um copo de leite, que lhe vinha trazer um leiteiro, seu vizinho e apreciador.

Durante o dia, dormia algumas horas, mas sempre agitado e sacudido pelos fluxos de sangue, sempre e sempre mais frequentes. Fosse como fosse, tomava três cálices de Parati, em doses quotidianas. Ao anoitecer, chegavam os violões e cavaquinhos. O "concerto" só diminuía ao nascer do sol.

Uma tarde, Ramos cerrou os olhos para sempre, quando fazia esforços para se levantar da cama e dançar um samba, ao gemer dos pinhos em conjunto. Assisti-lhe a morte. Quando ele recaiu sobre o travesseiro, já moribundo, ainda agitava os braços, pedindo aos companheiros que continuassem a tocar!

Ramos exalou o último suspiro, deixando, na fisionomia serena, um ar de criança ou, antes, de um anjo satisfeito! Os farristas fizeram-lhe a vontade: tocaram até o fim do samba, sem a menor manifestação de descontentamento.

Alguns ficaram e outros saíram, em busca de algum mastigo e bebida para o velório. À meia-noite, não havia uma alma que se salvasse. Tudo estava bebido. Uns deitados pelo chão, outros, deitados na própria cama do morto!!!

De vez em quando, um, melhorzinho que os outros, pegava no pinho e gaguejava uma modinha qualquer. À uma hora, surgiu, à porta da casinha do morto, o velho negociante da Rua do Sabão, em companhia de sua filha, a apaixonada do Ramos. Que cena trágica! Que espetáculo assombroso!

Não tenho expressões para descrevê-lo! Nem Edgar Poe o poderia fazer. Só uma pena sobre-humana. A moça, ao enfrentar o cadáver, atirou-se a ele, abraçando-o e beijando-o com sofreguidão. O pai tentava, inutilmente, chamá-la a si.

Mas os cabelos arrepiaram-se, quando a moça, ao despedir-se e ao beijar a fronte do morto pela última vez, todos os violões presentes, como se fossem um só instrumento, tocaram a música da primeira modinha, cantada sob a janela da casa, onde morava aquele anjo, que saía carregado nos braços do seu velho pai, chorando, por sua vez, como um alucinado!

Os soluços do pai e da filha confundiam-se com o "choro" sonoro das cordas dos violões e os vivas dos tocadores, invejando, talvez, a felicidade do morto glorioso! O sorriso de Ramos não mais se apagou, até o momento de lhe fecharem o caixão.

Ao transpor o portão de saída, um dos que conduziam o féretro, tropeçou, fazendo os outros tropeçarem e o cadáver rolar pelo chão, conservando aquele sorriso de quem vai entrar no reino do Céu!

Reposto o corpo no seu leito funerário, seguiu o enterro com todos os farristas, empunhando os seus instrumentos serenateiros. Chegamos no cemitério quase noite fechada. Quando a sepultura recebeu a última enxadada de terra, cobrindo-a toda, uma aluvião de vagalumes, com as suas lanternas acesas, revoou sobre o último feito, o feito funeral do maior boêmio do Brasil!!!

Enquanto morei em Botafogo, na rua de São Clemente, onde meu pai era estabelecido e enquanto os companheiros não se dispersaram, toda noite do dia 8 de dezembro, consagrada à Nossa Senhora da Conceição, a santa de Edmundo Ramos, íamos todos pela rua Real Grandeza, entrando pelos fundos do cemitério, fazer uma serenata, rogando à Mãe de Deus pelo descanso eterno do inolvidável amigo, que, talvez, àquela hora, estivesse espiritualmente ali conosco, cantando e bebendo, naquela missa, rezada ao influxo da lua e das estrelas e ouvida por aquele auditório de mortos.

Leitor amigo, nunca vi um homem tão desvairadamente original, um homem tão desmantelado, um boêmio tão boêmio. Mas, leitor amigo, tenho a certeza de que neste mundo em que habitamos, nunca mais encontrarei um coração como o de Edmundo Ramos!

Para os homens práticos, ele foi um herege! Mas, para os poetas, ele foi um filósofo!!

CAPÍTULO I

O DESCONHECIDO PATROCÍNIO FILHO
1 DE MARÇO DE 1913

"Meu Brasil" uma caricatura
criada por Orózio Belém em 1939.

PARA escrever a sua biografia completa, seria preciso tempo e espaço. Assim, limitar-me-ei a contar um episódio de sua vida, por ser desconhecido de todos, pelos motivos que o leitor verá adiante.

Nesse tempo, ele era muito moço, 20 anos, se tanto. Morava num barracão na Rua Amazonas, vizinho à casa de Luiz Goulart, onde estava seu pai, tratando-se de uma grave enfermidade. Era seu companheiro um francês de 50 anos, bastante inteligente, que trabalhava como carpinteiro na feitura do célebre balão.

Belo operário e grande bebedor de cachaça, a sua bebida predileta. Boêmio, como nós dois, se um de nós dissesse: "mata", ele acrescentaria, logo: "esfola!" Entremos, pois, no episódio mais importante da vida de Patrocínio Filho – o Zeca. Eu também morava na estação da Piedade, na Rua Martins Costa, onde tinha um colégio. Ele foi por muito tempo meu companheiro de serenatas e farras noturnas. Um dia, contou-me o seguinte.

Patrocínio Filho era um mentiroso literário, um grande inventor de romances, mas, ouvindo-o narrar este, percebi logo ser verdade o episódio. Diz ele que, estando uma noite na estação, sentado em um banco, a meditar sobre a sua existência de bípede implume, viu uma senhora aproximar-se dele, a lamentar-se por ter perdido o trem, que acabava de partir.

Tinha de esperar outro, esperar talvez uma hora, o que lhe causava grande transtorno. Consolou-a, alimentando com ela uma palestra, fazendo-a sentar-se a seu lado, enquanto esperava o trem. Compreendeu logo estar diante de uma mulher de educação esmerada e de cultura invulgar. Trajava-se a primor, e, tendo 70 e tantos anos, tinha a jovialidade de uma moça de 20. Era bonita, faceira e elegante. Era brasileira, mas tinha viajado o mundo inteiro. Admirava o Brasil, admirando também a França, a pátria de seu coração.

Foi íntima de Victor Hugo e de outros vultos eminentes da França antiga. Conservava a fotografia tirada com aquele poeta, beijando-a na fronte! Guardava outra de Theophilo Gautier, despedindo-se dela, na ocasião de regressar ao Brasil.

Contou-lhe coisas de fazê-lo pasmar! A palestra tomou tais proporções, que ela perdeu o outro trem, sem se lamentar de o ter perdido! Fê-lo intencionalmente. Ele ouvia a mulherzinha em silêncio! Não queria interrompê-la.

A sua voz parecia um violino, cantando-lhe na boca! Soube que era descendente de alta linhagem e rica. Não fora preciso que lhe dissesse, porque o seu aspecto, a sua educação e o seu preparo intelectual antecipavam a sua declaração. Falou, falou, a não poder mais! Quando caíram em si, já se abria o café da esquina da Rua Amazonas.

Só assim despediu-se dele, tomando o trem, dizendo-lhe adeus, agitando espetacularmente os dois braços! Depois que ela se foi, ficou ainda por momentos pensativo, sem saber o que pensar daquela mulher.

Foi para casa, deitou-se, mas não pôde dormir! Que significava aquilo tudo? Teria sido um sonho acordado?! Não podia explicar! Levantou-se e foi procurar-me, para fazer-me a narração do fato misterioso.

Pediu a minha opinião. Não lhe respondi, por ser impossível responder-lhe. Na ocasião de embarcar, disse ele, pronunciou a desconhecida apenas estas palavras: "Havemos de ter brevemente outro encontro".

Nada mais disse. Estupendo! Não era ilusão o que me havia contado! O fato era real. Sempre pensativo, lá se foi o meu Zeca, caminho de casa. Passou o dia inteiro, conseguindo apenas cochilar por momentos. A visão não lhe deixava repousar!

Duas semanas passamos sem nos ver. Uma tarde, surge-me ele, pálido, abatido, dizendo ter grande novidade para contar-me. Tinha se encontrado com a mulher no Largo do Rocio, hoje Praça Tiradentes, quando estava descansando no banco do jardim, em frente ao Teatro de São Pedro, hoje Teatro João Caetano. Não pôde verificar de onde ela surgira. Estaria esperando por ele, com a certeza de que passaria por ali? Quem lhe poderia explicar? Admirando, ou fingindo admirar-se de vê-lo, exclamou, com visível satisfação: "Eu não assegurei, ao partir, que nos havíamos de encontrar novamente? Pois eis-nos juntos, por simples acaso!" Tive apenas força de responder-lhe: "É verdade!" Sentou-se ao meu lado e começou a falar. Estava mais bela e mais moça! Mais elegante, se possível! Revelou-me outros segredos de sua vida. Definitivamente, fiquei sabendo que ela possuía fortuna, sem se preocupar com ela! Amava todos os homens, sem ter amor a nenhum. Viveria solteira, enquanto não encontrasse um ente de sua afeição.

E concluiu Zeca: "Disse-me tantas amabilidades, que eu acabei convidando-a a oferecer-lhe um jantar modesto em meu barracão, caso não lhe fosse desairoso aceitá-lo." Seria um domingo, o dia da nossa feijoada. Mas havia de preparar-lhe outro prato menos burguês, pois não era justo que comesse comida tão pesada quem se habituara a comer iguarias finas e gostosas.

Protestou com energia, porque a feijoada era o prato brasileiro mais saboroso do Brasil. Zeca teria adivinhado a sua predileção por esse manjar dos deuses! Tudo combinado, dia e hora, ponderou que só aceitaria, sob a condição de o jantar ser à noite. Só à noite podia ser vista, não explicando a razão. Claro está que ele aceitou a imposição.

Agora, sim, ia eu verificar se aquela história era fantasia ou realidade. Afinal, chega a noite do bródio! Eu ansiava para que chegasse a hora dela chegar! Tudo pronto, às 9 horas, aparece-nos a mulher misteriosa! Era uma fada que nos entrava pela porta adentro. Vinha tão perfumada, que o barracão ficou cheirando a jardim.

Seu vestido era de seda pura. Entrou com alegria insinuante. Tirou o chapéu, todo florido, e preparou-se para comer a feijoada. Mas, eis que surge o Meziér, o cozinheiro improvisado, anunciando um desastre! Bebera demais, deixando-a queimar escandalosamente!

Zeca quase desmaia, se a fada não lhe pedisse para perdoar o cozinheiro, adivinhador do seu gosto. Era assim que mais apreciava o feijão: queimado! Foi um alívio para nós três, os de casa.

Posta a mesa, Zeca, trazendo um litro de Parati e uma garrafa de fino vinho de pasto, declarou, em altas vozes, que a Parati nos pertencia, sendo o vinho fino só para ela.

Quem se acostumara a beber bebidas genuínas devia ter repugnância da cachaça, bebida dos pobres. Protestou ainda, pela segunda vez. Beberia cachaça, como nós, porque não admitia feijoada sem ela!!! Esta afirmação nos deixou embasbacados! Seria aquilo natural ou fingimento, para não nos ser desagradável? Sentamo-nos todos à mesa, servindo-se ela em primeiro lugar com notável desembaraço, como se estivesse em sua casa, no meio dos seus! Maravilhoso!

A mulher não comia: devorava! Ingeria cachaça, como se aquilo fosse água! Acabou empanturrada, sem mostrar ter comido e bebido tanto! Quase põe o litro vazio! Zeca, contentíssimo, sugeriu esta ideia luminosa: ir buscar um cavaquinho e um violão, moradores poucos metros dali.

Aprovada a ideia, saímos eu e ele, de mangas de camisa, em busca dos dois músicos. Não demoramos muito em voltar com eles. Entramos gemendo um choro de Anacleto. Meziér, que ficara tirando a mesa, apavorado, nos comunicou que a "fada" desaparecera, sem que ele visse!

Apavorados, também, fomos vestir nossos paletós, a fim de procurá-la pelas imediações. Outra surpresa: tinha desaparecido o nosso escasso dinheiro para os gastos do resto do mês!

A fada levou, raspou tudo existente em nossos bolsos! Não se pode descrever o nosso espanto! Meziér disse-nos que ela tinha sumido, como por encanto! Terminou a "festa" com profunda tristeza de todos nós!

Correm duas semanas, no fim das quais, aparece-me Zeca, com outra novidade inacreditável! Tinha-se encontrado com a mulher na estação das barcas de Niterói. Grande alegria da parte dela! Fomos para o café da esquina, onde se falou de tudo, menos do jantar, da fuga repentina e do sumiço dos cobres!

Para ela, tudo aquilo não se passara, como se passou! Nem um leve sinal de arrependimento ou vergonha! E tanto, que acabou convidando-o para aceitar um almoço em sua casa, na Tijuca. Indicou, com detalhes, a casa em que devia procurá-la, no dia e na hora marcados. Pediu que ele me levasse, para tomar parte no dito almoço.

Mas como podia realizar-se esse almoço, se ela não se deixava ver, durante o dia?! Enfim, para nova experiência, no dia e na hora determinados por ela, rumamos para a residência indicada.

A casa, de aparência nobre, tinha um jardim cheio de flores. Batemos. Uma senhora nos atendeu, dizendo, porém, não morar ali quem procurávamos! Jamais ouvira falar em tal pessoa!

Batemos de casa em casa, sem resultado! Desiludidos, regressamos. Nenhum dos dois proferia um monossílabo que fosse! Era demais! Continuar a pensar naquele mistério seria arriscar-se a enlouquecer! Zeca, dissimulando, deu tudo por acabado.

Para não recordar os fatos, ausentei-me durante uns dias seguidos. Sabia, porém, que ele andava seriamente absorvido, buscando a chave daquela tremenda tragédia ou alta comédia.

Uma manhã, por sinal chuvosa, aparece-me o homenzinho, com outra novidade estupefaciente! Novo encontro com a "alma do outro mundo", à noite, quando tomava a barca de Niterói, de regresso ao Rio. O "fantasma" fez-se presente, no momento do embarque!

Novo manifestamento no embarque! Novas manifestações de alegria, sem tocar de leve no logro do tal almoço! Relembrou a frase da partida do trem, quando disse haver de se encontrar com ele mais de uma vez, por feliz acaso!

Respondendo-lhe a uma pergunta decisiva, afirmou-lhe ser aquele o seu último encontro. Não se veriam mais, por ter de esconder-se de todos, por ter sido obrigada a isto, irremediavelmente!

Pediu-lhe desculpas de alguma falta, pronunciando estas palavras, fatídicas: "Agora, só me verá no instante em que exalar o seu derradeiro suspiro, o que espero ser depois de muitos anos de vida!"

Nada mais disse e retirou-se, ao chegar a barca na ponte de desembarque. Todavia, eu ouvia uma voz murmurar-me aos ouvidos: "Não te esqueças de mim, que sou a alma irmã de tua alma, tão cheia de ilusões!"

Depois de Zeca me falar desse último encontro, fitou-me com olhos esgazeados, sentenciando, em tom profético "essa mulher, esse fantasma, essa aparição misteriosa, perdeu o seu encanto, porque já sei quem é".

"Ficarei apaixonado por ela, enquanto viver! Essa mulher é a única que me inspiraria na minha peregrinação por este mundo! No dia do último encontro, estava mais bela e mais sedutora. Quando apertou a minha mão com as suas duas mãos, senti a direita gélida, e a esquerda quente como fogo!"

"Mas, afinal, quem pensa ser essa mulher?" — perguntei-lhe. E ele sentenciou: "Foi a corporificação da minha alma de boêmio, em figura de mulher! Não falaremos mais nisto. Quero ver, na hora final desta minha existência atribulada, se 'Ela' me aparecerá, cumprindo a sua palavra, solenemente empenhada no último encontro!"

E nunca, nunca mais nós relembramos esse mistério tão misterioso. Qual será o juízo do leitor, ao ouvir o fim desse romance, ou que nome mais acertado lhe queira dar? Cada um julgará de acordo com a sua crença ou com a sua filosofia. Eu não posso negar o fato, por ter sido, em parte, testemunha ocular e auditiva no memorável jantar do barracão.

Uma coisa, porém, vos asseguro, sem receio de errar: essa mulher, fosse quem fosse, trazia em si um "que" de sobre-humano! Talvez, mais tarde, ainda consagre uma palestra sobre a vida do grande boêmio — José do Patrocínio Filho. Repetirei aos meus leitores que estas crônicas, estas palestras, ou que melhor nome tenham, não seguirão a ordem cronológica, como talvez desejassem.

Não me censurem se hoje falar de um vivo, amanhã de um morto recente e depois de um morto, falecido há muitos anos. Escolherei sempre o que me vier à imaginação, quando molhar a pena no tinteiro. Patrocínio Filho será o assunto desta palestra. Foi ele quem me veio à memória, ao traçar estas linhas.

CAPÍTULO 5

AFONSO ARINOS É O MOTIVO DA PALESTRA DE HOJE
11 DE MARÇO DE 1943

Afonso Arinos de Melo Franco: advogado, contista, romancista e imortal.

CONHECI-O em casa de Alberto de Oliveira, na Rua Abílio. Em um minuto, ficamos amigos. Ele fora ali convidado pelo poeta para me ouvir cantar. Estivemos depois em muitas festas e reuniões aqui, no Rio. Um dia recebi uma carta sua de São Paulo, convidando-me para passar uma semana na fazenda de sua cunhada, filha do conselheiro Antônio Prado, recomendando-me que levasse comigo João Pernambuco. E fomos.

    Em São Paulo, embarcamos para Tombadouro. Na estação de Tombadouro, distante da capital daquele estado, ele nos esperava. Fizemos uma viagem sadia e poética. Chegamos ao cair da tarde e fomos descansar. À meia-noite, ele nos acordava, para assistirmos a uma festa, a um baile no casarão dos colonos.

    O barracão estava cheio de trabalhadores. Véspera de São João. O baile, original! Um tocador de harmônica representava o principal músico daquela folia. Dançava-se uma quadrilha. O músico, o sanfoneiro, era um bicho feio, como outro não encontrei igual.

    A marcação daquela quadrilha, feita antigamente em francês, na boca daquele velho pardavasco era uma coisa que nem o diabo poderia compreender. Era isto, mais ou menos: "Fungê! Cavaeiro p'ru dento e muié p'ru fora! Calanguê! Vórta cum seus pé! Tuxon! Vira p'ro mato! Danguebô! Mão de vaca cum mocotó! Cada um garra nos seus pá! Cada um p'ra donde começou! Arribambá! Cuxê!"

Marcação infernal! O marcador, segundo me afirmaram, já carregava nos costados 80 janeiros, e, com tudo, remexia com as canelas, como um rapaz de 20 anos! O tronco era agigantado, mas as pernas demasiadamente curtas. Dava a impressão de um homem sentado, fazendo todos aqueles rápidos movimentos!

A voz era um trovão, explodindo no meio da sala. De vez em quando, havia um sapateado, a dança predileta de Arinos. O autor do "Pelo Sertão", alegre, risonho, olhava para aquilo tudo, como se estivesse vendo um quadro psicológico! Voltando do baile, bateu-me no ombro e me disse, num profundo suspiro: "Esse é o meu povo. Aqui respira-se o ar puro da sinceridade".

Uma coisa interessante era ouvi-lo falando a mesma linguagem daquela gente analfabeta. Dizia para o cabra da sanfona: "Mané Bimba, xaquáia os quarto da sanfona, que as muié tá pegando fogo!" Dizia para todos: "Pessuá da giringonça! Já vai amanhecê. Vamo priciá São João tomando banho nas água fresca dos córgo!"

Poucos homens tenho visto tão arraigadamente amando a sua pátria, como ele. Abrindo um parêntesis, devo dizer que o notável estadista Mello Franco, seu irmão, foi, como ele, meu grande amigo e grande apreciador. É provável que os seus ilustres filhos ignorem.

A minha pessoa não é tão importante, para que se lembrem de mim. Estão esquecidos do passado. Não importa. A alma de ambos sabe que não minto. Julgando o escritor e o estadista, só uma comparação me satisfaria, se essa não estivesse tão velha, tão gasta e tão surrada.

Ainda assim, tendo eu recursos para encontrar outras novas e, talvez, inéditas, prefiro a velha, a "batida", a surrada, porque desta vez exprime a verdade. Assim, direi que Affonso Arinos e Mello Franco foram duas flores, que murcharam para sempre. E fecho o parêntesis.

Todas as noites ele nos ia buscar, para fazermos serenatas. Perante os encantos d'a Natureza, fitando a luz das estrelas, absorto ante o silêncio das madrugadas do sertão, ficava como um alucinado divino! Falava com a Natureza, como se estivesse falando com Deus.

Quando, nos passeios noturnos, encontrava uma casa de trabalhadores em festa, ficava contente, infantilmente contente, como uma criança vendo um bonito brinquedo. Tratava logo de apoderar-se dos versos que eles cantavam e os guardava, como quem guarda um tesouro.

Numa daquelas festas é que eu ouvi estes, e que deram origem à peça sertaneja "O Marroeiro", escrita por mim, e representada no teatro de São José, de propriedade do bom velho Paschoal Segreto, pela companhia de Alfredo Silva.

O sambador, cantando e dançando, dizia durante toda a dança, horas e horas, sem parar, só estes dois versos, verdadeiro poema para o nosso eminente historiador: "O capim mais mimoso o veado comeu." Uma vez, em outro samba, dedicado à Nossa Senhora da Conceição, vi Arinos sambar durante 15 minutos, sem repousar um instante sequer! Rodopiava, e, rodopiando, cantava: "O capim mais mimoso o veado comeu."

Quando, anelante (alarmado) e pálido se assentou, assustado, perguntei-lhe se queria um pouco d'água, pois eu receava um desmaio ou uma perturbação qualquer! Arquejando, tomou dois goles, limpou o suor do rosto com um lenço de cores, sorriu, fitou-me por um momento, e, rapidamente, atirou-se na dança, rodando tal qual um pião!

Os próprios campônios pasmavam diante da sua resistência física. Arinos disse-me, depois da festa, que todas aquelas evoluções, aqueles movimentos de suas pernas, tinham sido em homenagem a Nossa Senhora da Conceição, padroeira daquelas paragens. Extraordinário! Affonso Arinos foi um santo!

Um belo dia fomos a um lugar distante, muito distante mesmo, para vermos o nascimento da lua, em plena mata. Partimos ao nascer do sol. Pernambuco, num burro indomável; eu, num carrinho macio, e ele, num cavalo de porte majestoso. Levava tanto armamento que quase não se via o seu corpo. Espingarda, revolver, facão, machado, foice, lança, flecha... um legítimo arsenal!

O cavalo, fogoso, batia com as patas nas pedras, parecendo querer quebrá-las, por ordem do seu dono. Afinal de contas, aquela "fera" não passava de um cordeiro. Ele fazia aquilo tudo por simples elegância. Tive de esconder-me, para rir-me à vontade, diante daquela cena cômica.

Para que tantas armas, se ele seria incapaz de ferir um animal, fosse qual fosse! Quando ouvia um passarinho gorjear, parava, pedia que todos parassem, e só prosseguia depois do músico voar e sumir-se por entre a cheirosa vegetação. Uma vez, atravessando a estrada uma cotia, gritamos todos: "Faça fogo, doutor!"

Deixando o bicho ir-se embora, sem um leve gesto de empunhar a espingarda, murmurou: "Deixem o bichinho! Temos muito em que atirar, durante a viagem". Mas, durante a viagem, não pegou a arma uma só vez. Não matava nem consentia que alguém matasse! Grande coração! Enfim, depois de muito caminharmos, chegamos no lugar escolhido para o abarracamento. Mata virgem! Inteiramente virgem! Mais tarde, chegaram uns homens, trazendo duas barracas de lona, uma, grande, para Pernambuco e uns estudantes, que viriam à noite; e outra, pequena, para nós dois.

Armadas as barracas, os homens acenderam o fogo, preparando o jantar. Perto dali, corria um fio d'água, cristalino, como um brilhante sem jaça. Ao entardecer, surgiu um bando de moças, para juntar-se aos estudantes e cantar "Luar do sertão", ao nascer da lua, pois esse era o objetivo de toda aquela odisseia, improvisada por ele.

Antes dez minutos do surgimento da Rainha da Noite, pediu que todos se enfileirassem, para me acompanhar no coro dessa canção, hoje tão popular. Quando ele pressentiu os seus primeiros alvores, exclamou com entusiasmo: "Sentido!" Eu e Pernambuco, brandindo os nossos violões, aguardamos o sinal. Ninguém proferia uma palavra! Silêncio absoluto!

Arinos, com a fisionomia demudada, parecia um general, no instante de gritar: "Fogo!" Surgia a lua por cima da montanha, numa das suas mais belas aparições, quando o ouvimos bradar: "Agora!"

Nesse instante o coro, feito por todos os presentes, rompeu numa harmonia tão saudosa que eu pensei que ele estivesse sendo cantado pela própria boca da Natureza! Nem que eu tivesse séculos, esqueceria esse espetáculo divinamente divino!

Não posso descrevê-lo nesta prosa descolorida e fria. Só ele o poderia fazer no seu primoroso estilo. Consta-me que Dr. Miguel Couto se referiu a esse belo quadro no seu discurso acadêmico.

Não creio que ele o tivesse fielmente descrito, pois não o viu e descrevê-lo pela imaginação seria impossível! Coisa fantástica! O luar do sertão, cantado, ao nascer da lua, no próprio sertão!!!

Finda a solenidade, as moças se retiraram, numa alegria rumorosa, alegrando a solidão, enluarada por um dos luares mais formosos das nossas noites brasileiras. Passamos toda a noite, até as quatro horas da madrugada, hora em que nos fomos deitar.

Os três homens tinham acendido fogueiras, para afugentar alguma onça ou outro hóspede indesejável. Já começavam a cantar as seriemas na beira do regato. Não era possível dormir, ouvindo aquela sinfonia!

A passarada saudava a manhã e nós, com os nossos instrumentos, saudávamos a passarada. Arinos, de pé, em êxtase, como que ouvindo ainda o "Luar do sertão", cantado ao nascer da lua, por mim e por todo aquele coro de vozes angélicas, fazia acreditar que ele, com o seu porte altivo, mas de fisionomia simpática e fascinadora, fosse o Caboclo, o dono do mato, regendo toda aquela orquestra, em louvor de Deus!

Passou o resto do dia se deliciando com o "choro" dos nossos violões. Pernambuco era, nesse tempo, Paganini do seu instrumento e eu, o Caruso das minhas modinhas. Ao pôr do sol, antes de desarmarem as barracas, o grande mestre quis que todo o ambiente fosse fotografado.

Eu guardo uma fotografia e Pernambuco deve guardar outra. Ele está de pé, em mangas de camisa, com um chapéu de feltro, junto ao braseiro de uma fogueira, ainda fumegante. Contemplando o ocaso do sol, estampa na sua fisionomia a saudade de deixar aquele panorama agreste, onde vivemos algumas horas, deslumbrados das angústias deste planeta sublunar.

Tudo pronto para a nossa partida. Pernambuco montado num burro, eu acomodado no meu carrinho macio, e ele, cavalgando o seu Pégaso fogoso, mas agora manso e triste, como o seu dono, sem trazer uma só das armas do arsenal com que viera, deu um profundo soluço e me disse, em voz entrecortada: "Tudo passou! Foi um sonho."

Na futura palestra, ainda sobre Arinos, falarei do bissecular jequitibá, do casal de macróbios da "Fonte milagrosa", cujo pensamento a ciência não sabe explicar, e da última noite em São Paulo, no Automóvel Clube.

CAPÍTULO 7

AFONSO ARINOS (PARTE II)
18 DE MARÇO DE 1913

"Por que eu fui poeta", caricatura de Paulo Amaral criada em 1939.

DESCANSAMOS dois dias.

Noutra manhã, tivemos de fazer um passeio em redor da Fazenda. Os três — ele, eu e Pernambuco. Este último a cavalo, e nós, de carro. Saímos cedo. Fomos visitar um italiano, veterano do lugarejo. Arinos ia nos mostrar um casal de macróbios, também italianos.

Sabe o leitor a idade desse casal? Cento e trinta e quatro anos! Casaram-se com 25 e vieram ao mundo no mesmo dia e na mesma hora. Nasceram na mesma casa. Quando entramos na sala, os dois estavam juntinhos, sentados num sofá, com os braços enlaçados. Tive a impressão de ver duas múmias ou dois cadáveres sentados. Falavam muito baixinho. Era difícil entender-se o que falavam.

Enquanto Arinos ouvia o italiano, que lhe contava a história dos macróbios, nós afinávamos os instrumentos. De vez em quando, Arinos soltava uma exclamação! Devia ser admirável a biografia daquele casal! Pernambuco tocou um samba. Foi um sucesso! O velhinho acompanhava o ritmo, batendo de leve na mão da velhinha, e ela dizia-lhe umas coisas, não entendidas por nós.

Falavam um dialeto complicadíssimo. Arinos, já tendo tomado as suas notas, entrou a dançar e a cantar o tal estribilho: "O capim mais mimoso o veado comeu". Quando demos o último acorde do sapateado, os velhinhos, agitando-se, bateram palmas, palmas muito a custo ouvidas, pois pareciam um rufar de asas de pássaros, voando ao longe.

Que mundo de coisas aqueles velhos recordavam naquele momento?! Mais de cento e trinta anos, completados no dia de São Pedro, data do nascimento dos dois! O mestre pediu uma modinha. Cantei "Cabocla di Caxangá", recentemente escrita. Eu via os dois tremendo com os lábios, como se estivessem fazendo o coro.

Que prodígio! Sacudir aqueles corações, fatigados de tanto palpitar! O velho fingia castanholas com as mãos, pois já não tinha forças para tanto. Precisávamos seguir viagem, para ter tempo de visitar outros lugares. Agora o final. Ao despedirmo-nos, o italiano ofereceu uma cachaça de cana crioula, cheirosa e azulada, da cor de um céu de anil!

Pois, meus caros leitores, os dois velhos, em regozijo da alegria que lhes demos, tomaram uma talagada da dita, o dobro da que havíamos tomado! Com aquela idade, bebendo cachaça, como se bebessem água do pote! Incrível!

Duas horas depois, chegávamos a um campo, onde muitos colonos nos esperavam. A recepção foi simples, mas comovente. Receberam Affonso com profundo respeito. Muitos beijaram-lhe as mãos.

No recanto do pátio, via-se uma caverna abobadada, com uma entrada, onde só podia passar uma pessoa. Lá dentro, uma santa sobre uma pedra rústica. Três pessoas podiam caber ali. Junto da caverna, via-se a "Fonte milagrosa". Era uma bacia, um poço de água límpida, com dois metros de diâmetro e três de profundidade. Um míope enxergava-lhe o fundo. A água era tão límpida, tão diáfana, que parecia estar vazio!

Arinos mandou que eu chegasse à margem e dissesse uma frase qualquer. "Viva a fonte milagrosa!" — gritei. Subiu do fundo uma bolha efervescente, desfazendo-se na superfície. Estupendo! Pernambuco fez o mesmo e o fenômeno repetiu-se.

Perguntei ao mestre o que era aquilo e ele me respondeu que a ciência ainda não soubera explicar. Dentro da caverna, num altar de pedra, como disse, erguia-se uma santa com um vestido de chita de um cruzeiro o metro.

Para os sertanejos, a fonte era um milagre, pois aquelas águas operavam curas milagrosas. Pediram que nós tocássemos para a santa ouvir. Trouxeram um pedaço de pano muito alvo, acenderam um toco de vela e forraram o altar com aquele simulacro de toalha. Entramos os dois: eu e Pernambuco. O mestre ficou em pé, de chapéu na mão. Todos se ajoelharam e eu cantei uma Ave-Maria. Senti um não sei que dentro d'alma, como nunca senti dentro dos templos ricos, da própria Candelária. O violão de Pernambuco gemia, como um órgão. E Arinos? Vertia lágrimas, que lhe escorriam pelas faces, sem enxugá-las. A Ave-Maria que cantei foi justamente cantada à hora da Ave-Maria. Arinos abraçou-me e suspirou: "Escreva um poema sobre esta cena cristã e faça desse poema a recordação deste momento de bem-aventurança! Quando eu morrer, o meu espírito virá sempre a estas mesmas horas rezar aos pés desta imagem a mesma Ave-Maria que você rezou".

E partimos. As despedidas foram chocantes de sincera religiosidade. Vésper surgia no firmamento. Antes, porém, de partirmos, cada um de nós aproximou-se da margem da fonte e disse: "Adeus!" A água, respondendo-nos, subiu nas mesmas bolhas efervescentes e desfolharam-se na superfície, soluçando também: "Adeus!"

Para terminar a nossa estada em Tombadouro, na véspera da partida, fomos ver o célebre jequitibá de mais de dois séculos! Longe, ergue-se no meio da mataria, em pleno sertão. A sua altura é inconcebível! Há muitos anos está agonizando.

Uma trepadeira parasita o vai roendo pouco a pouco. A sua agonia durará muitos anos ainda. A parasita desce do cimo à base do tronco. O tronco é incomensurável! Tem uma fenda, uma abertura, onde só uma pessoa pode entrar.

Lá dentro é um imenso salão. Dentro dele dez pares podem dançar uma valsa. Arinos e Pernambuco transpuseram a abertura e entraram. Eu fiquei do lado oposto. Quando eles falaram, tive a impressão de estar ouvindo vozes, surgidas da terra ou descidas do céu!! Era como se ouvisse uma alma do outro mundo! Chamei pelos dois e pedi que ficassem de fora, para sentirem o que eu senti. Colocaram-se no lugar em que eu estava e eu entrei no oco do tronco com o violão. Cantei. O canto e os sons das cordas pareciam vir de dentro da gente!

Vinham de muito longe, mas eram ouvidos nitidamente. Quantos anos já se foram, e eu conservo o mistério do jequitibá, ressoando em meus ouvidos! Quando aquele fantasma tombar, esmagará na sua queda todas as árvores circundantes.

Dormirá sobre elas, relembrando os tempos volvidos e os primeiros anos de sua juventude. Arinos adivinhava não viver muito. Manifestou-me esse receio. E foi profeta. No dia da sua morte, ao receber a triste notícia, lembrei-me das suas palavras, despedindo-se do jequitibá. O sol desaparecia. Um pássaro estranho, grande, preto e azul, pousado numa árvore florida, solfejou uma endecha pela morte do dia. Ele tirou o chapéu, murmurou umas palavras das quais só pude perceber a última: "Adeus!". E partimos todos rumo à casa da Fazenda.

No dia seguinte, chegamos a São Paulo. Nessa noite, cantei no Automóvel Clube. Entre o numeroso auditório, encontrava-se o conselheiro Antônio Prado. Cantei só Luar do sertão, por estar muito rouco.

Antes de cantar, pedi ao auditório, o mais intelectual do Estado, que fizesse o coro. No meio de tantas vozes, distinguia-se uma voz, de baixo profundo, sobressaindo entre as demais. O leitor vai receber uma surpresa! Era o conselheiro Antônio Prado, cantando com o coro! Horas depois, deixava São Paulo, regressando ao Rio, onde cheguei pela manhã.

Esta palestra viria muito mais tarde, senão fosse o propósito de acabar com umas tolices de uns bobalhões que têm escrito sobre essa viagem a Tombadouro, deturpando o que não viram, para se tornarem engraçados.

Um deles disse que esse passeio foi em Mato Grosso, por onde nunca me perdi. Diz que eu fugi, com medo das feras, abandonando o meu amigo! Qualquer pessoa da família Prado desmentirá esse senhor. Desmentirá e comprovará a verdade desta crônica.

Medeiros e Albuquerque mente desbragadamente em suas "Memórias", narra um "caso" entre mim e Alberto de Oliveira puramente cerebrino. Empenho a minha palavra de honra e juro por Deus que é falso!

Esse brilhante jornalista sempre antipatizou comigo. Não sei porque Alberto de Oliveira foi um dos meus mais ardorosos amigos e apreciadores. O leitor verá, quando chegar a vez da sua palestra. Quem duvidar da minha palavra, pergunte ao seu ilustre irmão, major Bernardo de Oliveira, e ele dirá o quanto o "príncipe" me considerava.

Graças a Deus, o major ainda vive. A exma. progenitora do "príncipe" me adorava. Não permitia festa em seu lar sem a minha pessoa. A sua virtuosa esposa me estimava tanto, como ele. O major Bernardo é meu amigo de longo tempo. Em futura palestra dedicada ao grande filósofo João Ribeiro, pulverizarei outra invenção de Medeiros.

O saudoso historiador sempre me acolheu com a sua habitual afabilidade. Tenho aqui, perto de mim, uma prova disto, não em palavras, mas escrita em poemas e revistas. Mario José de Alencar estará ao meu lado com a sua palavra luminosa e honrada.

Nestes fragmentos de "Memórias" nada hei de ocultar. Ainda que tivesse cometido crimes repugnantes, não os esconderia. Virtudes e fraquezas hão de ser reveladas com a máxima nudez, embora o ato boêmico tenha atingido o auge da boemia! Fui um formidável boêmio, mas nunca fui um imoral.

CAPÍTULO ?

O ANIVERSÁRIO DO MAJOR BRAGA TORRES, EM PAQUETÁ – SERENATA MARÍTIMA EM TRAJES DE ADÃO – ANO DE 1900 MAIS OU MENOS

25 DE MARÇO DE 1913

LEVANDO os nossos instrumentos (nós éramos nove, comigo...), chegamos à casa do major Braga Torres, em Paquetá, para tomarmos parte na festa de seu aniversário natalício. A ilha em peso estava ali para felicitá-lo. Entramos, tocando um "choro" de Anacleto de Medeiros, o "comandante" dos "chorões" presentes.

O grupo era composto dos seguintes músicos: Anacleto, saxofone; Luiz de Souza, piston; Irineu, oficleide; Lica, bombardão; eu e Quintas Laranjeira, violões; Geraldino, cavaquinho; Pedro Augusto, clarinete; e João Pereira, bombardino – quase todos da banda do Corpo de Bombeiros.

O nosso "terno" pôs o pessoal em reboliço. Tivemos de repetir três vezes o mesmo "choro", não repetindo pela quarta vez porque o major nos conduziu ao quintal, onde nos aguardava uma mesa de surpreendentes iguarias. Peixada, feijoada, perus, leitões, arroz de forno... tudo se via ali, desafiando o nosso apetite devorador.

Quanto aos doces... é melhor não falar! Aquilo lembrava uma confeitaria, em dia de domingo. Terminado o "gravanço", regado com os vinhos mais generosos, o aniversariante, na impossibilidade da sua casa conter todo aquele pessoal, propôs um passeio à Pedra da Moreninha, acompanhando-nos os que quisessem render-lhe essa homenagem.

Os outros viriam mais tarde, na hora da dança. O plano foi excelente. A metade do povaréu nos acompanhou. Sem mais preâmbulos, pusemo-nos a caminho, conduzindo, com a nossa música, moças, moços, velhos e velhas, todos aqueles amigos do major, homem querido pelo seu coração afável e bondoso.

A noite estava tão branca que já nem parecia noite! Lua cheia tão alva assim, nunca vi! O céu parecia de cristal azul! Os instrumentos, como nós, também sentem essas magnificências da natureza! Que esplêndida noite! Afinal, chegamos à Pedra da Moreninha.

Luiz de Souza anunciou a todo o auditório que ia executar um "choro" inspirado nos amores da tradicional e formosa heroína "A Moreninha", [personagem do romance de Joaquim Manuel] de Macedo. O major, comovido, pediu o mais absoluto silêncio, enquanto ouvíssemos e enquanto estivéssemos ali.

Nada de aplausos ruidosos. E assim foi. Rompeu o "choro"! Leitor! Eu preferia passar adiante e tratar de outro assunto. Para mim, para todos nós, foram momentos de "dolorosa" sensação!

Quanto me custa conter as lágrimas vertidas, ouvindo aquela música divina, com a saudade do céu, do mar e daquela Pedra, transformada num altar, onde era rezada a missa do coração, em silêncio, ouvida por toda aquela gente, enluarada pelo mais belo luar que hei visto em toda a minha vida!

Não tenho dúvidas: o espírito da célebre Moreninha estava ali! A recordação dessa noite me faz mal! E mais alta foi a minha impressão, quando, ao terminar o "choro", sem tocarmos, sem o mais leve rumor, todos nos retiramos, satisfazendo assim o pedido do major!

Só falamos em frente à capelinha de São Jorge. Para completar a abençoada serenata, rompemos outro "choro". Esse, alegre e faiscante, diferente do da Moreninha, melancólico e saudoso, era consagrado ao santo tão venerado em Paquetá.

As moças, depois de tanto silêncio, dançando, vivavam o santo e, ao mesmo tempo, a esplendidez da noite! No último acorde do "choro", bati palmas e pedi a palavra. "Peço que todos se concentrem, porque vou fazer uma prece ao grande São Jorge, pedindo pela felicidade do nosso grande amigo major Braga Torres, em nome de sua família e de todos os presentes e ausentes". E falei.

O major, com a mão sobre o meu ombro, fitava o céu e chorava de contentamento! O boêmio se tinha transfigurado num sacerdote! A serenata se transfigurara numa prece! Que bela transfiguração! No final, todos abraçam o major, prosseguindo a tocata, até chegar à sua residência.

Era a hora das danças. Às 2 horas, por ser o outro dia, um domingo, o aniversariante fez outra proposta, aceita por unanimidade. As danças terminariam àquela hora, para dar descanso aos músicos e para continuar a festa logo mais, pela tarde e pela noite. Muito bem. O pessoal despediu-se, a casa ficou vazia, e o major nos levou a uma grande sala, com as camas improvisadas para o nosso repouso. "Fiquem à vontade", nos disse ele, retirando-se a sorrir.

Alguns já iam pegando no sono, quando me levantei, propondo também uma patuscada entre nós. Aprovação geral. Cada um empunhou seu instrumento e fomos tomar banho de mar, fazendo uma serenata! Foi escolhida uma praia cujo nome não me ocorre, de onde a gente se afasta e, depois de andar muito, ainda sente as águas pelos joelhos.

Tirada a roupa, entramos n'água tocando um bolero de Anacleto. Meia hora depois, fomos surpreendidos pela família do major e pelo pessoal — os que estiveram em sua casa e os que nos acompanharam à Pedra da Moreninha e à capela de São Jorge! A praia ficou repleta!

Nós tivemos de nos afastar para mais longe, até que as águas dessem acima do umbigo! Era um sacrifício suspendermos os instrumentos, a fim de os não molhar! Em tal posição, cansados, fizemos ver que íamos tocar o último "choro". E tocamos, mas ninguém se retirou. Repetimos o pedido. Nada!

Sem outro remédio, só nos restava um recurso. Pedro Augusto foi eleito para o caso. Era ele o único que não estava em completa nudez. Trazia uma toalha, envolvendo-o. Dirigiu-se à praia e declarou em altas vozes que se todas as moças não se retirassem, nós sairíamos no estado em que estávamos, pois era impossível permanecermos naquela situação, por minutos que fossem!

A algazarra foi medonha! Assobios, gritos, uma vaia dos diabos! Ninguém queria sair dali. Os homens rogavam, mas as moças não nos atendiam! Cada vez vaiavam mais! Os "serenateiros" estavam dentro d'água, mas suavam em bicas! Só depois de muito tempo, pelas súplicas da família do major, que, como um doido, corria daqui para ali, de lá para cá, a vaia cessou e o moçame deixou a praia, livrando-nos do "martírio" inventado por nós mesmos!

A manhã já despontava. Se aquela gente demorasse mais uns minutos, estaríamos fritos! Seria um escândalo! Vestimo-nos e fugimos em rápidas passadas para a casa do major. Entramos pelos fundos e fomos descansar. Só nós rimos, passadas algumas horas daquela angústia! Não era para menos!

Pela tarde, chegando gente, e já depois de opíparo almoço, a folia continuou. As danças se prolongaram por largas horas. A animação crescia à medida que a festança ia chegando ao seu fim. E quer saber o leitor como terminou o pagode monumental de Braga Torres? Eu lhe direi.

Mas, antes, faço-lhe esta pergunta: Conhece a minha modinha — "O que tu és", cantada com música de Anacleto? É lamentável que a não conheça! É uma joia preciosa! É um hino à formosura da mulher! Pois bem. Vou lhe contar como terminou o pagode do major.

Completamente esquecidas da serenata marítima, as moças vieram me intimar para que eu cantasse uma modinha, oferecida às jovens paquetaenses. Como resistir a tal ordem? E sabem qual foi a modinha escolhida? — "O que tu és"!

Cantei, acompanhado por todos os músicos "chorões". Ao proferir o último verso, as moças, rogando aos músicos que tocassem a mesma melodia com que foi cantada a modinha, agarraram-me, levaram-me ao jardim, arrancaram todas as flores que ele continha, e quase me sufocaram num dilúvio de pétalas cheirosas!

Que saudades! Que saudades! E por falar em saudade, reproduzirei nesta poesia o que me disse um vaqueiro, um velho vaqueiro do sertão, tentando definir, mas, o que é original, na sua condição de vaqueiro. A comparação é rústica, mas foi para mim a mais bela que encontrei de tudo que tenho lido e ouvido.

Não se deslembre o leitor de que é um vaqueiro que vai falar. Ouçamo-lo, de coração:

Como um boi velho, cansado,
Pacientemente a remoer,
Que o capim verde que come,
Torna outra vez a comer,
Hoje, velho, relembrando
Minha alegre juventude,
Tudo quanto já fui,
Como o boi, vou ruminando
O "meu passado" saudoso,
Que foi, num tempo ditoso,

> *O capim verde e cheiroso,*
> *Que, quando moço, eu comi!*

Neste ponto, parou, ergueu os olhos ao céu e chorando, assim concluiu a sua poesia:

> *Mas, às vezes, a "Saudade"*
> *acorda-me a "mocidade"*
> *com tanta exasperação*
> *que eu abro as duas porteiras*
> *dos olhos, meu bom patrão,*
> *e deixo que, atropelada,*
> *saía só, numa arrancada,*
> *toda a boiada das lágrimas,*
> *do curral do coração!*

É o que está me acontecendo, agora, ao escrever a última frase desta palestra.

Uma adição necessária

Para que o leitor faça um juízo de Anacleto, Souza e Irineu, três músicos componentes do "choro" da festa do major, basta que leiam o que se segue:

Ceava eu em casa do capitão Rogério, mestre da banda do Primeiro Batalhão de Infantaria, quando, por volta das dez horas, ouvimos uns sons de música, distantes.

O mestre não convidara ninguém para o aniversário de sua esposa, por enfermidade da mesma! Éramos somente quatro pessoas: sua esposa, ele, eu e um empregado. Ouvimos aqueles sons longínquos, justamente no momento em que eu cantava a última modinha e esvaziava a última garrafa.

O capitão, vindo da janela, exclamou: "É a banda dos Bombeiros, que vem saudar a minha mulher! Estamos desprevenidos! É preciso providenciar". Enquanto estava nessa barafunda, a música vinha se aproximando.

Pela segunda vez, chegando à janela e ouvindo, gritou: "Se não é a banda inteira, é a metade que vem por ali!" Corre para aqui, corre para acolá, passados uns dez minutos, quando acendia todas as lâmpadas da sala, para receber a manifestação, a "meia banda dos Bombeiros" entra-lhe pela porta a dentro. Três músicos apenas: — Anacleto, Souza e Irineu!

É inconcebível! Como é que um mestre da competência do capitão Rogerio Ribeiro da Rocha pensou que uma banda ou meia banda de música pudesse ser representada por três figuras?! Imaginem agora a harmonia daqueles nove "chorões" da festa do major, no "choro" da Moreninha e da prece a São Jorge!

CAPÍTULO 3

PINHEIRO MACHADO E O PINTO GIGLI
1º DE ABRIL DE 1913

General José Gomes Pinheiro Machado era conhecido como "o condestável da República".

JÁ tinha recebido dois convites do general para ir à sua casa, quando um dia recebi esta carta, trazida pelo professor Hemetério dos Santos: "Amigo Catulo: Amanhã eu e alguns amigos o esperamos em nossa casa, para termos o prazer de ouvi-lo em suas famosas modinhas líricas, acompanhadas ao seu violão. Não aceito desculpas, a não ser por motivo de moléstia. O professor irá buscá-lo na hora que combinarem. Pinheiro Machado".

Conhecia-o apenas de nome.

Tinha os ouvidos cheios de duas opiniões contrárias sobre o grande político. Uns diziam que era um homem prepotente, autoritário e dogmático; outros diziam que era um homem simples e bondoso. Quem estaria com a verdade? O convite vinha a propósito. Só assim poderia conhecê-lo de perto e fazer o meu juízo.

Decidi-me a ir. O professor veio buscar-me e fomos juntos. Não posso recordar o dia e o ano, mas lembro-me que a primeira visita que lhe fiz foi na noite em que se deu a explosão do (Encouraçado) Aquidabã (ocorrida em 21 de janeiro de 1906, quando morreram 212 tripulantes). Acabava de cantar naquele momento. Só no dia seguinte tivemos conhecimento do fato.

O general recebeu-me fidalgamente. O auditório era de gente fina. Finíssima. Logo ao entrar numa grande sala, onde havia um bilhar, no seu palacete da rua Haddock Lobo, fui saudado, a seu pedido, com uma salva de palmas.

Depois de mostrar-me todo o interior da casa, voltou comigo ao salão de bilhar. Perguntando-me em que lugar desejava dar começo à minha audição, respondi-lhe que ali mesmo. Chamou um empregado, que já trazia dois violões.

Entregando-me os dois pinhos, assim falou-me: "Escolha. Este não vale nada. É um instrumento sem valor. Mas este outro, o meu, é uma raridade no gênero. Já que você não trouxe o seu tocará no meu, de que tenho ciúmes. Só mesmo você o teria nos braços. Experimente".

Primeiro experimentei o tal "sem valor". Tirei dois acordes. Depois, peguei no outro e feri-lhe as cordas. Quanto ao primeiro, o auditório conservou-se em silêncio. Ouvindo o segundo, prorrompeu em aplausos! "Magnífico! É uma harpa! É um piano! Bravo! Bravo!"

O general sorria de contente. E, sorrindo, perguntou-me: "Que tal? É ou não o que lhe disse?!" "General" — respondi-lhe — "prefiro o primeiro. O seu é um instrumento bem-acabado, de feitura caprichosa. O outro, muito inferior, é mais certo na escala. É mais afinado".

Toda aquela gente caiu das nuvens!!! Não acreditavam no que viam e ouviam!!! Como podia um tocador de violão negar a palavra de um homem de feitio do senador Pinheiro Machado?! Alguns até gritaram: "Heresia!"

Contudo, notei que o general não dera a menor prova de desgosto pela minha preferência. Mandou o empregado levar o seu violão e entregou-me o outro. Ofereceu-me um cálice de vinho fino, vinho de 30 anos.

Pedi desculpas de não aceitar, pois o vinho fino atacava-me a garganta. Só uma bebida me abria a voz — a cerveja barbante, marcas D. Carlos, que, nesse tempo, se vendia a 300 réis a garrafa. Aquela gente toda caiu de novo das nuvens!!!

O general, porém, com a mais adorável naturalidade, mandou buscar a cerveja de 300 réis para satisfazer-me. Antes de cantar, deu-me um cigarro dos seus. Fumo puro, forte e cheiroso, mas não gostei! Estava acostumado com o meu cigarro muito grosso, de papel amarelo, ordinário, que se vendia a 100 réis o maço.

Nova "caída" do auditório! Ele, porém, achava graça na minha franqueza. Já estava enjoado de tanta bajulação. Era hora de começar. Levantou-se de uma cadeira de braços, antecedendo a minha audição com algumas palavras de arrebatado elogio. Cantei minha modinha — "Invocação a uma estrela".

Virando-se para o Dr. Manoel Bonfim, ao seu lado direito, exclamou, erguendo os braços: "Como a nossa língua é bonita, nos lábios deste poeta!!!" Enquanto eu cantava, ele imprimia em sua fisionomia todo o entusiasmo que lhe vinha d'alma!

Os ouvintes brindaram-me com uma florada de palmas e ele não se conteve: brindou-me com um abraço apertado! A minha audição em casa do general foi coroada de inexcedível sucesso. Terminou às três horas da madrugada, porque a essa hora pedi permissão para finalizá-la.

Lembro-me de que saí com Dr. Muniz Barreto, do Supremo Tribunal. Ainda guardo o que esse homem me disse, ao despedir-se de mim, para tomar o bonde: "O senador ficou encantado com o senhor. Pode contar com um amigo poderoso. Conheço-o de perto, e, por isto, não tenho dúvidas de lhe dizer o que lhe digo. Seja feliz".

As minhas impressões sobre Pinheiro Machado, desde aquela noite, foram estas: homem valente para a alta aristocracia, a sólida e a frouxa, e bondoso para com os plebeus, sendo um grande amigo dos seus amigos.

Faço ponto nestas referências ao general, porque, como já disse, tenho de falar de muitas outras figuras da alta roda, da média roda e da roda inferior. Se voltar mais tarde ao assunto, talvez vos conte um episódio interessante entre nós por ocasião de uma visita que lhe fiz, no Morro da Graça.

Ele ainda me ouviu várias vezes, depois dessa noite. A cada audição, mais crescia em seu conceito. Não terminarei, porém, sem dizer o que ele me disse, gravemente, quando ao despedir-se de mim, no portão da chácara: "O auditório que te ouviu é mais ou menos seleto. Mas só uns dois te entenderam bem. A culpa é tua. Nos teus versos tu voas muito alto e a maior parte dos teus apreciadores não te pode acompanhar".

Não é formidável, caro leitor? Esse seu julgamento do auditório define o homem, de quem acabava de despedir-me.

Tenor Gigli

Fui apresentado ao grande tenor no Teatro Municipal, pelo crítico do "Jornal do Brasil", Dr. Arthur Imbassahy, e pelo meu amigo barítono Silvio Vieira. Como lembrança da apresentação, ofereceu-me um belo retrato com uma dedicatória cativante, retrato que emoldurei e conservo em minha sala de poeta.

Quando fui vê-lo no dia seguinte ao da apresentação, já havia ordem de me deixarem entrar em seu camarim, a qualquer hora em que eu chegasse. Sempre me recebia, cantando. Quando lhe ofereci, também, um dos meus livros de poemas, com algumas palavras de admiração, estava ele caracterizando-se para cantar o "Sonho de Manon".

Enquanto caracterizava-se, ia murmurando à flor dos lábios essa velha página musical de Massenet. Ao começar, eu tinha a mão direita sobre o seu ombro e, ao terminar, estava quase ajoelhado a seus pés! Eu tinha os olhos cheios d'água e ele sorria de ver-me naquela posição de prece!

E dirigiu-se ao palco. Eu o acompanhei, ficando no bastidor, para ouvi-lo melhor. Quando ele, depois do ato, se encaminhava para o camarim, segui-o também. Gigli, pedindo que me sentasse e sentando-se defronte ao espelho, fazendo uns retoques em sua caracterização, começou a cantar, baixinho, só para mim, *Sonho*, que havia cantado no palco, aos ouvidos de Manon.

Quando deu o último soluço, vira que eu também estava sonhando, sem cantar. E quando lhe afirmei estar "sonhando" no céu, ele levantou-se e, num abraço, exclamou: "Peço (para) escrever-me uma poesia, contando-me o seu 'sonho'! Publicá-la-ei nos jornais da minha terra". Faltavam dois dias para a sua partida. No seu último espetáculo, cheguei tarde. Só tive tempo de entregar-lhe a poesia.

Por circunstâncias imprevistas, não pude ir ao seu embarque. Tempos depois, encontrando-me com o barítono Silvio Vieira, soube por ele que a minha poesia tinha sido publicada em Milão, no original, com alguns comentários em italiano. Infelizmente, não me foi possível encontrar o jornal em que foi publicada.

Conquanto faça parte de um dos meus livros, resolvi mostrar aos leitores destas palestras os versos dedicados ao excelso tenor. Ei-los:

O sonho de Manon (A Beniamino Gigli)

Na noite em que te ouvi cantar o sonho,
o sonho de Manon, tive outro "sonho"!

Estávamos no céu! E tú cantavas
com tua voz sublime de tenor,
acompanhado de uma orquestra de anjos,

de serafins, de querubins, de arcanjos,
orquestra angelical, que era regida por Deus,
em tua glória e em teu louvor.

Giuseppe Verdi, o Radamés da Aida,
Carlos Gomes, Gounod,
Weber, Bellini, Chopin, a alma da Melancolia,
que faz chorar, mas que, a chorar, consola;

O grande Orfeu da Nona Sinfonia;
Bizet, a flor da ópera espanhola;
O divino Satan, Deus infernal,
Prometeu de Lohengrin, de Parsifal,
mestre dos imortais mestres cantores;
Tamagno, o grande Otelo dos tenores;
Caruso, o trovador dos trovadores;
Os poetas, os pintores e escultores:
Rubens, Da Vinci, Rafael, Ticiano,
Miguel Ângelo, o sol do Vaticano;
Tarso, Petrarca, o coração da dor;
Lamartine, Stecchetti, Campoamor...
todos, todos te ouviam, silenciando,
o sonho de Manon, no céu cantando!

Todos ouviam tua voz divina,
que por ser voz de um anjo,
não encontra aqui, na terra,
um verso que a defina.

No sonho espiritual de teu cantar,
eu vi a sombra de Manon passar.
E quando a sombra de Manon passou,
na linguagem do céu, disse-me Hugô:
"Essa Manon, que Gigli está cantando,
foi a mulher que Gigli mais amou".

E não podendo nada mais dizer,
dois soluços de lágrimas

vertendo sobre um poema de Deus
que estava lendo
eu vi o velho Hugô chorar, gemer!

E tu, Gigli, num êxtase tristonho,
com tanto amor cantavas o teu sonho,
que, quando num suspiro, suspirando,

disseste o nome de Manon, chorando,
Massenet a teus pés se ajoelhava!

A lua vinha ao longe despontando!
Inda se ouvia a orquestra soluçando!
Mas Deus já não regia! Deus sonhava!

CAPÍTULO 10

A ORIGEM DE "LUAR DO SERTÃO"

8 DE ABRIL DE 1913

PEDEM-ME alguns dos meus leitores que lhes diga a origem do "Luar do sertão". Satisfarei o pedido, antecedendo-o com um prefácio explicativo, só para os moços, pois que os velhos conhecem de sobra a minha vida.

Foi tremenda a luta para arrancar o violão das mãos dos capadócios e malandros. Consumi toda a minha mocidade nesse ideal. Cantei desde as casas mais modestas aos palacetes dos aristocratas, intelectuais e monetários.

Foi o Sr. Pedro Quaresma quem publicou os meus livros de modinhas, cantadas de norte a sul e hoje esquecidas pela invasão dos sambas. A minha maior proeza foi levar o violão ao Conservatório de Música, no dia 5 de julho de 1908.

Naquele palco, onde só pisavam artistas de renome, cantei muitas das minhas canções, diante de um auditório da escola. Tudo que havia de mais nobre nas artes, nas ciências e nas letras, lá estava, enchendo o salão de concertos.

Mais tarde, 40 homens dos mais eminentes desta capital, tendo à frente o Sr. Assis Chateaubriand, promoveram um festival em benefício a mim, no antigo teatro São Pedro de Alcântara. Foi isto em 1918. Outro sucesso!

Dei muitas audições no antigo Trianon, em outros teatros e salões de concertos, sempre contando novas vitórias. Mas, para que a geração de hoje conheça a minha vida de poeta e trovador, vou evocar o testemunho de altas mentalidades, que, felizmente, ainda vivem. Não falarei dos mortos.

Esses "vivem" nos elogios que me fizeram, os quais são encontrados em todas as minhas obras. Evocarei, em primeiro lugar, o brilhante publicista, o senhor Assis Chateaubriand, a quem devo ser muito grato. Pelas suas mãos, entrei em muitas casas dos nossos maiores intelectuais.

Noites e noites passamos em reuniões íntimas, onde eu era aplaudido, arrebatando o auditório. Se ele pudesse, com a sua pena de novo, descrever os meus triunfos dessas noites de delírios, o leitor não teria dúvidas em acreditar nos meus estrondosos sucessos!

Contados por mim, diria que é mentira. Infelizmente, ele não pode fazê-lo, porque a sua vida agitada de hoje, em serviços prestados à Pátria, não lhe deixa um minuto de repouso, para se ocupar de coisas tão pequenas.

Mas estou certo de que se alguém perguntar ao Sr. Chateaubriand de hoje o que eu fui nos tempos do Sr. Chateaubriand de outrora, ele não se negará a dizer o que foi o Catulo daquelas noites de "farras" literárias!

Há muito que morreram essas retumbantes noitadas, mas creio que ele não esqueceu do seu amigo, que ainda lhe quer o mesmo bem que lhe queria. Da minha obscuridade, tenho acompanhado, com prazer, a ascensão da sua glória.

Convidado pelo ex-presidente da República, Sr. Arthur Bernardes, fui dizer no palácio do Catete o meu poema — "A promessa", numa véspera de São João. Todo o ministério, senadores, deputados, chefe de Polícia, chefes da sua Casa Civil e Militar, ali me ouviram até alta madrugada.

Perguntem ao ex-presidente o que ele e os seus convidados sentiram, ouvindo o meu poema de legítimo brasileirismo! Essa honra lhe devo de ter recitado e cantado no palácio presidencial, em plena perturbação da ordem do seu governo.

Querem mais testemunhas das minhas vitórias, como poeta e cantor? Aí estão os Srs. Afrânio Peixoto, Aloysio de Castro, Rodrigo Octavio, Fernando Magalhães, Mac-Dowell e muitos outros para lhes responderem com a sua afirmativa absoluta.

Perguntem ao senhor Silva Mello como me portei numa festa em sua casa, oferecida ao sábio francês Sr. Georges Dumas, para a qual fui especialmente convidado. Aí, recitando a minha poesia — "O sol e a lua", recebi do sábio francês um elogio, que publiquei no meu livrinho — "O Evangelho das aves".

Perguntem ao Sr. Fernando Magalhães o meu estupendo sucesso em casa do seu sogro, o professor Nuno de Andrade. Perguntem ao Dr. Barbosa Lima Sobrinho o que fiz numa noite de festa oficial no palácio do Sr. Raul Soares, em Belo Horizonte. Encontrei-o numa penumbra sentado em um banco do jardim, de onde ele viu tudo! Perguntem ao Sr. Batista Pereira o que foram as minhas audições no palacete do grande Ruy! Perguntem ao mesmo Sr. Assis Chateaubriand o que foram as noitadas no lar de Pedro Lessa, David Sanson e Pandiá Calógeras!

Perguntem ao senhor Roquette Pinto se ele não se lembra com saudade das noites que eu levantava o auditório, na sua casa, com os meus cantos ao violão, e os meus poemas sertanejos! Ele deve se recordar que foi o orador ou um dos oradores da homenagem a mim, no teatro São Pedro de Alcântara.

Deve também se lembrar de um almoço no Alto da Boa Vista, oferecido por grande número de nobres ao grande Sr. Moritze, diretor do Observatório Astronômico. Deve-se lembrar de que o almoço, composto de tantos vultos distintos, foi presidido por mim, sentado à cabeceira da mesa!

Deve se lembrar do meu discurso de agradecimento, no meu papel de figura de proa de navio, que nada faz, mas está no lugar mais saliente! Deve se lembrar das palmas e risos do auditório, ao ouvir o meu discurso altissonante e pretensioso. Estará esquecido? Talvez. Há tempos vi-o na Drogaria Silva Araújo, no Largo da Carioca e achei-o tão triste, que não tive coragem de lhe dar o meu abraço de velho amigo e admirador!

Perguntem à família do Sr. Edmundo Silva, médico muito conhecido, se eu não cantei junto do seu leito de moribundo. A pedido dele! Perguntem à outra família do Dr. Onofre Ribeiro, outro médico ilustre da Piedade, se, quando era atacado pelas crises da sua enfermidade cardíaca, não me mandava chamar para acalentar as suas dispneias com as minhas modinhas, principalmente com o "Sertanejo Enamorado", de que tanto gostava.

Perguntem aos filhos do falecido advogado Avelino de Andrade, morador na rua da Capela, na estação da Piedade, se, ao sofrer o seu maior desgosto, não exigiu que eu também cantasse ao violão, antes de ele partir para Niterói, levando no bolso o revólver, com que, horas depois, suicidou-se.

Perguntem aos velhos de condição humilde, ao pessoal da "Velha Guarda", como eu era recebido nas farras, nos pagodes e festejos familiares! Finalmente, senhores poetas modernistas, senhores príncipes dos futuristas, vocês, que são amalucados como eu, perguntem às estrelas, à lua, aos silêncios das madrugadas, quem foi o Catulo Cearense, quando, nas famosas serenatas enternecia o coração das morenas, das alvas e das cafungas, remoçando ao mesmo tempo a alma dos velhos e a saudade dos mortos, que sempre o acompanhavam nessas solenes procissões, em homenagem a Deus!

E basta de tanto perguntar! Antes, porém, de explicar-vos a origem do meu "Luar do sertão", quero dizer-vos que há um homem de vasta inteligência e vigoroso talento, que se escrevesse algumas linhas sobre a minha vida de poeta e trovador, diria muita coisa interessante e inédita sobre a minha boemia.

Várias conferências fizemos nós e ele assistiu a muitas festas dedicadas a mim. Esse homem é o Sr. Viriato Corrêa, hoje vítima de uma moléstia que, para mim, tanto o empequenece na sua grandeza: a vaidade! Viriato imortalizou-se! Ainda hoje, quando o vejo, tenho vontade de dar-lhe o abraço de admiração, mas lembro-me de seu chapéu armado, de seu fardão crivado de ouro e, com tristeza, contenho-me!

A espada de um dos nossos generais fá-los mais simpáticos! Mas o seu espadim apavora-me! O seu aspecto de autoridade acadêmica aterroriza-me! Desse super-homem nada poderei esperar de elogios! O ouro que traz por dentro e por fora não lhe consente ocupar-se de um pobre diabo, como escrevinhador destas palestras!

É pena que sua pena não possa ressuscitar o passado! Mas, ainda assim, não ficarei de todo esquecido, porque já também me "imortalizaram", não como acadêmico, mas como "seresteiro", conhecido e querido em todo o Brasil!

Penso que uma serenata vale bem uma noite de discurseiras no seu palácio acadêmico. Mas... Perdão, leitores! Existe outro amigo que tem acompanhado a minha trajetória de tocador de violão e cantor de modinhas, que poderia escrever belíssimas páginas sobre as minhas façanhas farrísticas, se não fosse um crítico demoníaco: Agripino Grieco!

Conhecemo-nos há mais de 35 anos! Agripino, com 20 anos, já era um coruscante orador. Enquanto eu estava cantando e bebendo, ele entrava num pagode, comia pantagruelicamente, terminando sempre com um brinde ao anfitrião e ao cozinheiro, figura proeminente das suas orações demostênicas!

É meu admirador, não obstante às vezes agredir-me, por simples brincadeira, como ele próprio confessa. Recita de cor versos que fiz, quando tinha 20 anos! Beija-me em plena rua. E, a propósito, contarei aos leitores este caso que me foi contado pelo meu amigo José Fernandes de Mattos, gerente da Livraria Quaresma.

Ei-lo. Agripino estava falando mal do mundo inteiro, desde que chegou a sua loja, às 11 horas. A casa enchia-se, esvaziava-se e enchia-se de novo, e o homem não descansava um segundo! Metia o pau nos literatos, a torto e a direito.

Às 18 horas fechavam as portas da rua, ficando eu e ele, nós dois somente. Vi-o, então, encaminhar-se para dentro, para beber um copo d'água e refrescar a garganta, seca de tanto tagarelar! Voltando do lavatório, e preparando-me para sair, parou diante de um espelho, fitou, sorridente, a sua própria imagem e disse com ar de soberania: "Você também é uma boa bisca! Eu o conheço de sobra!" Não tendo mais tempo de falar dos outros, falou de si mesmo!

Agora, a origem do meu "Luar do sertão". Em 1910, por aí assim, apareceu uma espécie de embolada nortista, muito cantada, principalmente pelo meu velho amigo João Pernambuco, o mais brasileiro de todos os violões brasileiros. 0 seu estribilho era isto: "É do maitá! É do maitá!"

Dessa embolada já se ocupou o jornalista Gondim da Fonseca, numa carta dirigida a mim e publicada num dos meus livros. Os versos eram insuportáveis. Um chorrilho de tolices. Fazendo-lhe algumas alterações, estilizei esta toada e adaptei-lhe os versos de "Luar do sertão".

Agradou em cheio. Hoje essa música é conhecida em todo o mundo. O ministro Pedro Lessa disse uma vez que era o "hino nacional do sentimento brasileiro". Ao meu ver, é inferior a muitas das minhas modinhas, mas o povo é absoluto e o julgamento está feito. De todo o meu imenso repertório cantado ao violão, é a única reminiscência, é a única "saudade" que fica!

CAPÍTULO 11

RELEMBRANDO O PRESIDENTE EPITÁCIO PESSOA

15 DE ABRIL DE 1913

Epitácio Lindolfo da Silva Pessoa foi magistrado, diplomata, professor universitário, jurista brasileiro e presidente da república entre 1919 e 1922.

DOUTOR

Epitácio Pessoa adorava o violão. Nas minhas audições, era o primeiro que se via, na primeira fila, chegando sempre antes do tempo, para não perder uma palavra dos versos das minhas modinhas.

Guardo um seu cartão, agradecendo-me umas estrofes inéditas de "Luar do sertão", que lhe enviei, a seu pedido. É de notar que as maiores inteligências da nossa pátria foram apaixonadas desse instrumento.

Não cito nomes, por ser muito grande a lista. Começaria pelo imperador. Isto me afirmou o general Andréia, em 1884. O eminente Dr. Epitácio não só tocava violão como tocava piano. Cantava as minhas canções com a sua voz de baixo abaritonado.

Para que o leitor se convença de que essa minha afirmação é verdadeira, contarei o que se passou entre mim e ele, no palácio Rio Negro, em Petrópolis. Isso basta para lhe provar e o leitor acreditar que esse homem, uma das nossas mais vigorosas inteligências, adorava deveras essa "lira" dos trovadores das saudosas serenatas de outrora.

Tive o prazer de estar com ele várias vezes nos concertos, no Catete e em outros lugares. No hospital dos Lázaros, esse homem, entrando com várias autoridades, por ocasião de uma festa no mesmo, desviou-se da linha que seguia, para apertar-me a mão. Quando o vi escondi-me, mas nem assim consegui não ser visto. Com esse ato do presidente, todos ficaram de boca aberta!

Isto já era suficiente para mostrar ao leitor o quanto ele me estimava e considerava. A outra prova, contudo, será mais convincente ainda. Vejamos. Certa vez, fui ao palácio Rio Negro, convidado por ele. Desejava falar-me. Fui. Estava saudoso de ouvir-me. Marcamos uma noite para a audição.

Eu devia chegar ao palácio por volta das nove horas. Quando ia transpondo o portão de entrada, vendo o salão principal todo iluminado, experimentei tamanho desgosto, que não sei como não desmaiei! Formidável decepção! Tinha vindo de tão longe, do Engenho de Dentro, trazendo o meu violão, para voltar, sem, ao menos, poder falar com S. Exa. o Sr. presidente da República!

Desorientado, furioso mesmo, procurei o oficial que estava de guarda, a quem manifestei o meu desgosto. Foram assim as minhas frases: "Sr. capitão: o Sr. é testemunha. Aqui estou, para cumprir as ordens do Sr. presidente, recebidas com muita satisfação, quando aqui estive há dez dias. Peço ao Sr. capitão dizer-lhe que, enquanto me lembrar desta 'peça', não poderei atender a outro novo pedido".

O capitão me ouvia, sorrindo. Encabulei. Encabulado, perguntei-lhe porque motivo sorria do meu justo aborrecimento. "Porque o Sr. não tem razão", respondeu-me, sorrindo sempre. "Não tenho razão!" "Nenhuma". "Como assim, Sr. capitão?" "O Sr. está zangado, sem causa para isto".

"Então, o Sr. capitão acha que não devo aborrecer-me com este esquecimento do Sr. presidente?"

"Não houve esquecimento".

"Pois o salão do palácio não está todo iluminado, indicando com isto que S. Exa. tem visitas de cerimônia?"

"Não há visitas de cerimônia. O Sr. Dr. Epitácio, presidente da República dos Estados Unidos do Brasil, com a sua Exma. Sra. e a sua gentilíssima filha, está esperando tão somente o poeta Getúlio Cearense, para ouvi-lo ao violão".

Confesso que deixei cair o instrumento com caixa e tudo. Comovido e agradecido, fui levado ao salão, onde ele, sentado num sofá, já me aguardava há meia hora. Estive, pois, com Sua Excelência, em franca intimidade. Em primeiro lugar, recitei o "Sol e a Lua". Em segundo, "Terra calda" e, daí por diante, comecei a cantar modinhas.

Homem adorável o Dr. Epitácio! Aplaudia-me sempre, mostrando na fisionomia a satisfação de ouvir-me. Depois de "Terra calda", levantou-se, abriu o piano e tocou uma melodia, escrita expressamente para ser tocada no final desse meu poema.

O grande presidente também era um compositor, de grande inspiração! Ao violão não lhe ouvi, mas ouvi-o ao piano. A audição foi até de madrugada e acabou, sem que S. Exa. tivesse mostrado o menor sinal de cansaço.

A última vez que o vi foi quando fui fazer-lhe um convite no seu palacete da Rua Voluntários da Pátria. Foi à noite. Não era mais presidente da República. Estava enfermo, mas estava animado, conversando com o Sr. Paulo Ramos, interventor no Maranhão, o Sr. ministro Dr. Barros Barreto e outros.

Compreendendo que eu lhe queria falar alguma coisa, em particular, levou-me para uma sala, onde estudava e escrevia. Feito o convite, voltei ao salão de visitas, para despedir-me. Nunca mais o procurei. Não sei qual era a sua enfermidade.

Pareceu-me arteriosclerose. O seu coração já não podia suportar emoções violentas. Em rápidas palavras, relembrou com saudade as minhas audições e a noite do Palácio Rio Negro, proferindo, com ênfase, esta frase lapidar: "Aquela noite, Sr. Catulo, foi para mim uma noite de fadas!"

Se alguém duvidar do que acabou de ler, escreva à Exma. Sra. viúva do ex-presidente, perguntando-lhe se é ou não verdade o que acabou de ler.

E, por fim, leitor amigo, afirmar-vos-ei que ainda não houve um homem popular, no Brasil, que, como eu, conquistasse tantos adoradores, sem nunca lhes fazer um pedido, tendo, contudo, certeza de ser infalivelmente atendido.

Deve continuar a ler nestas palestras, em que falarei de muita gente boa, verá fugir a sua descrença, perante o aspecto sereno da verdade.

CAPÍTULO 12

O MEU POEMA DE PAQUETÁ A FREIRE JÚNIOR E PEDRO BRUNO
29 DE ABRIL DE 1913

Hermes Floro Bartolomeu Martins de Araújo Fontes foi compositor e poeta.

HERMES Fontes está consagrado. Seu livro "Apoteoses" foi uma estreia retumbante. Os outros que se seguiram foram elogiados por todos os críticos, os mais ferozes. Estava terminando o seu primeiro livro, quando o conheci.

Conheci-o em casa do poeta Luiz Murat, seu grande amigo. Era ele o revisor das suas poesias. Murat admirava-o; por fim, tornaram-se inimigos figadais. Por quê?! Não vale a pena entrarmos em explicações. Estas zangas de poetas devem ficar com eles mesmos.

Quando andávamos por casa de nossos amigos, era eu quem recitava seus versos. Gostava de ouvir-me. Raras vezes ouvi-o dizer seus poemas. Era, como é sabido, um pouquinho gago. Um dia foi chamado pelo Sr. Figner [dono da Casa Edison] para escrever algumas linhas, com a música que ele escolhesse, a fim de serem gravadas em discos fonográficos, tornando-se, como eu, um poeta popular.

Hermes Fontes aceitou o convite, dizendo ao sr. Figner: "Farei o seu pedido, procurarei escrever coisas sublimes, mas, seguindo as pegadas do Catulo, não posso ir além do que ele já foi". Os seus trabalhos foram, em parte, discados e recebidos festivamente. Não foi novidade para quem já conhecia o valor de seu estro.

Hermes, porém, não foi longe. Caíram em cima dele, censurando-o por estar descendo de alturas vertiginosas, igualando-se aos seresteiros do violão. Hermes foi débil e "arrepiou carreira". Não escreveu mais. Não pensou que Tobias Barreto, Mello Moraes, Laurindo Rabello, Sylvio Homero, Muniz Barreto e muitos outros fizeram e até cantaram as suas próprias modinhas ao som do velho "pinho" [violão].

 Alcindo Guanabara, numa das suas publicações semanais, riu-se da sua fraqueza, tecendo-me francos elogios. Aqui tenho comigo o jornal que os publicou. Quando o poeta começou a burilar suas canções, os intrigantes começaram a nos intrigar. Uns afirmavam que ele era superior a mim; outros negavam essa superioridade.

 Mas Hermes sabia quem era eu e eu sabia quem era Hermes. Falaram, falaram, sem êxito. Hermes chegou a dizer pela imprensa que o Catulo, o seu irmão espiritual, ficaria sendo por todo o sempre, o civilizador da modinha brasileira. Depois, separamo-nos. Ele andava atarefado com as diárias do seu emprego e eu com a minha vida de professor e boêmio.

 A nossa amizade nunca jamais esfriou. Esse magnífico poeta era um pouquinho orgulhoso. Só me fazia elogios rasgados, verbalmente. Vejam o que disse uma vez ao grande Mario José de Almeida, quando conversavam em uma roda de literatos, na Avenida Rio Branco.

 Hermes considerava Augusto dos Anjos como um primoroso artista, mas não como um poeta. Uns concordavam, outros discordavam. Mario José, vendo-me a palestrar uns dez metros distante, perguntou-lhe: "Hermes, que pensa você daquele que está ali, Catulo?" Hermes respondeu-lhe, com estas palavras textuais: "Eu não sei se ele é propriamente um homem de letras, sei, porém, que na sua poesia há descargas de gênio, que, às vezes, não se encontra em um século de literatura".

 Em casa do grande poeta Luiz Carlos, desse grande Hugo brasileiro, hoje tão injustamente, tão feiamente esquecido pela própria Academia, passamos várias noites de alegria intelectual.

 Dona Glicka, sua virtuosíssima esposa, delas há de se lembrar com profundas saudades. O suicídio de Hermes foi um mistério! Sabe-lo-á o seu amigo e compadre, e meu amigo também, — Eduardo de Castro, alto funcionário da Prefeitura. Sei que Eduardo de Castro não confiará esse segredo a ninguém!

 A sua morte foi uma surpresa. Um tiro do seu revólver apagou uma das luzes mais fulgurantes da poesia brasileira! Futuramente, ainda hei de falar desse cantor apoteótico. De todas as canções de Hermes só figura o "Luar de Paquetá", como das minhas só ficará o "Luar do sertão". São dois luares para iluminarem as saudades de tudo que escrevemos e que se sumiu na voragem do tempo.

Freire Junior foi um grande colaborador do bardo. A sua música é muito superior à de "Luar do sertão". O meu "Luar" é muito mais velho do que o seu. Segundo dizem, o seu "Luar de Paquetá" foi inspirado em uma farra, numa serenata, nessa formosa ilha. Freire Junior, um dos participantes, compôs a melodia, a pedido de Pedro Bruno, filho e apaixonado do seu berço.

Amigo de Hermes, de Freire e de Bruno, sendo eu outro saudoso apaixonado das suas festas, no tempo de Anacleto de Medeiros, escrevi a poesia que publico hoje nesta revista, que ninguém conhece, nem mesmo os meus mais íntimos companheiros. É inteiramente inédita.

Não a publiquei logo porque pensei que estivesse perdida. Hoje, por felicidade, encontrei-a no meio de uns papéis velhos, conservados, também por felicidade, nos fundos de uma gaveta. Rendendo a minha homenagem a Anacleto, a Freire Junior e a Pedro Bruno, nascido todos três nesse paraíso, cantado por Hermes Fontes, ofereço este meu canto singelo ao músico, já falecido, ao maestro teatrólogo e ao pintor das suas paisagens.

Que essa trindade perdoe a pobreza desses versos, escritos há tanto tempo, versos simples e pálidos comparados ao hino do seu cantor, colorido pelo brilho, pelo fulgor solar do seu talento. Ei-los aqui, sem que os tocasse com o mais leve retoque, tal como foram feitos numa noite de saudades, lembrando-me de tempos mais felizes:

> *Paquetá! Tu que pareces*
> *uma sereia, urna Iara*
> *da formosa Guanabara,*
> *essa Nereida do mar,*
> *foste há quase dois milênios,*
> *o Jardim das Oliveiras,*
> *onde, nas tardes fagueiras,*
> *vinha o Cristo meditar.*
>
> *Eis porque tanto venero*
> *as tuas manhãs divinas,*
> *tuas manhãs cristalinas,*
> *que o sol sempre abençoará,*

e as tuas tardes que choram,
ao ressoar das Trindades,
que têm a cor das saudades
da flor do maracujá,

Tua beleza é tão bela,
mas tão simples na simpleza,
é tão singela a beleza
que a Natureza te deu,
que só podia cantar-te,
numa toada maviosa
a lira triste e queixosa
de Casimiro de Abreu.

Anacleto, reafinando
o seu instrumento etéreo,
fugindo do cemitério,
morada dos filhos teus,
vai conversar com o teu santo,
entrar em sua linda igreja,
pedindo que te proteja,
e te abençoe por Deus.

Ele vai rogar, de joelhos,
rogar a Deus, numa prece,
que se um dia ele quisesse
extinguir do mundo a luz,
te transformasse no Éden
dos poetas, dos trovadores,
dos músicos, dos pintores,
que são anjos de Jesus.

Pedro Bruno, te ama tanto,
ama tanto os teus quebrantos,
teus sedutores encantos,
teu céu, teu mar infantil,
que em sua paixão de artista,
quer que sejas a rainha,

a "ilha da Moreninha"
do meu e do seu Brasil.

Quem pudesse ver por dentro
a alma que Amor estrela desse pintor,
que na tela, dá tudo que Amor lhe dá,
com a tinta do próprio sangue
de sua alma apaixonada,
veria, n'alma pintada,

a ilha de Paquetá!

Em uma noite de lua,
sonhei que estava sonhando,
vendo Hermes Fontes chorando
ao som de um terno violão,
recitando o seu poema,
que foi a ti consagrado,
e eu soluçando, ajoelhado,
o meu Luar do Sertão.

Afirmam teus pescadores,
que as tuas praias cheirosas
se têm o aroma das rosas,
dos lírios, que vão se abrir,
é porque nessas areias
Madalena, inebriada,
vinha, toda perfumada,
em suas praias dormir.

Em uma noite de orgia,
para que o mar a beijasse,
e ela, enfim, o conquistasse,
nua, a ele se entregou,
ficando nele os perfumes
dessa venal Madalena,
que, com amor e com pena,
o Cristo regenerou.

*Eu sonhei que Freire Junior,
escrevendo, em pé, na proa
de uma faceira canoa,
que Netuno lhe ofertou,
compunha, ao romper da aurora
essa música bendita,
que, numa farra bonita,
Hermes Fontes lhe inspirou!*

*Mas vi que um anjo invejoso
gritava do seu sacrário,
que, por ser um plagiário,
esse maestro era um réu,
roubando essa melodia,
que a todos nós nos enleia,
da mais vaidosa sereia
das sereias lá do Céu!*

*Agora, "ó Ilha dos Sonhos",
ouve este sonho,
o mais belo dos sonhos que já sonhei:
"quando, ao visitar-lhe a igreja,
no dia em que Ela o proteja,
e a seus pés eu me ajoelhei,
vi que São Roque sorria,
com delirante alegria,
recitando esta poesia,
que, sonhando, te ofertei*

*Em ti o Espírito Santo
namorou Virgem Maria,
e quando Jesus nascia,
tu lhe serviste de altar!
Por isto é que os namorados
nas tuas noites de prata,
fazem suas serenatas,
sob a luz de teu luar!*

CAPÍTULO 13

A PRECE
DO BOÊMIO
6 DE MAIO DE 1943

RECEBI, no princípio do ano, a visita de três moços nortistas, com quem longamente conversei sobre a vida passada e a atual dos nossos conterrâneos. Palestramos muito e, durante a palestra, riram-se bastante das minhas façanhas de boêmio.

Pediram-me, antes de se retirarem, que lhes contasse um caso, muito conhecido em sua terra, o qual provocava sempre hilaridade em todos os que o ouviam. Esse caso lhes foi narrado numa conferência de um sujeito, há tempos. A sala do teatro regurgitava. Os espectadores quase rebentam de tanto rir.

"Conte-nos esse caso tão engraçado, Sr. Catulo", disseram eles. Mas, que caso é esse, meus amigos?, perguntei-lhes.

"Foi quando o senhor acompanhou uma procissão, cantando uma embolada ao som do seu harmonioso 'pinho'" [violão].

"Mas como lhes contaram?", perguntei.

E, ouvindo-os, repetindo o que tinham ouvido do tal conferencista, fiquei indignado de tanta mentira, de tanta invencionice, de tanta baixeza! Se tivesse feito o que o canalha me havia impingido, eu seria passível de um severo castigo.

A história do conferencista só podia proceder de um biltre qualquer e não de um homem de bem, embora livre pensador. Esse conferencista merecia chicote. Do ato espiritual do boêmio fez uma cena de baixo cabaré.

Quando tratou do caso, teve apenas a intenção vagabunda de fazer rir. Não mediu a responsabilidade que lhe cabia, querendo ser jocoso, sem jocosidade. Assim, pedi aos três moços que se sentassem, pois já se iam retirar, e, para saberem como se deu o caso, contei-lhes o que se segue.

O meu falecido amigo Antônio Queiroz levou-me um dia à casa de um compadre, em Jacarepaguá. Foi uma Sexta-feira Santa. Chegamos ao meio-dia. Senhor Fulgêncio recebeu-nos com prazer espalhafatoso. Lamentou que a visita fosse naquele dia de luto sagrado, dia em que era impossível ouvir-me cantar ao violão.

Nisto, chegaram a sua esposa e duas filhas, a quem fui estrondosamente apresentado. A senhora e as senhoritas lamentaram também Queiroz não me ter levado em outra ocasião. Ficamos combinados voltar quinze dias depois, aniversário do compadre do Queiroz.

A senhora pediu permissão e foi com as suas filhas vestir-se, para ver passar a procissão. Neste ponto, o dono da casa conduziu-nos à chácara, para nos mostrar as suas árvores frutíferas, a sua horta e o seu bonito jardim.

A garrafa de especial conhaque que nos ofereceu, desde a chegada, já se tinha exaurido. Tomamos um cálice de vinho fino e acompanhamos Sr. Fulgêncio. Tudo muito bem trabalhado e bem cuidado. Pomar de primeira ordem, horta variadíssima e jardim de beleza sensacional.

Feita a visita, íamos retornar à sala, quando ele exclamou: "Falta visitarmos a adega, a parte principal do meu lar". O dono da casa era legítimo "pau d'água", nosso irmão. Ao ouvir tal exclamação, senti um arrepio em todo o corpo.

A adega de Sr. Fulgêncio devia ser a oitava maravilha do mundo! E lá fomos. Ao entrarmos, uma baforada invadiu-nos as narinas, perfumes que nos fizeram esquecer os do jardim! Floresciam ali as melhores bebidas do céu e da terra.

Sem mais preâmbulos, Sr. Fulgêncio brindou-nos com uma garrafa de jurupiga, que, em poucos minutos, foi esvaziada. Para ficarmos mais à vontade, o belo amigo trouxe-nos três cadeiras de braços, onde gostosamente nos aboletamos.

Evaporada a jurupiga, vieram outras e outras bebedorias, servidas com a mesma prontidão e com a mesma solenidade. Eram duas horas da tarde. Queiroz já estava com o nariz vermelho, como um cravo sanguíneo, pegando fogo! Fulgêncio tinha os olhos amortecidos, como quem está caindo de sono! Eu estava pregado, mas sustentava a dignidade de minha patente de general do exército de Bacho. Imprevistamente, chega-nos uma visita muito a tempo e muito agradável. Era Arthur Pulcherio, poeta e amigo da boa pinga.

Recebido com as devidas honras, sentou-se em outra cadeira, estreando com uma boa dose de rum, forte, mas de gosto provocador. Com mais aquele "colega", as libações continuaram!

Pulcherio tinha vindo um tanto "embevecido", o que não era novidade. Às três horas, os "colegas" se achavam completamente "cheios"! A convite da dona da casa, fomos para a sala de visitas, aguardar a passagem da procissão.

Ela não estranhou a cara do pessoal, por estar, naturalmente, acostumada com a do seu marido, nessas ocasiões "psicológicas". Afinal, avistaram a procissão, correndo todos para o jardim.

Grande acompanhamento e silêncio religioso era o espetáculo que ela nos apresentava! Todos ajoelharam-se! Nenhum de nós proferia uma palavra! O silêncio era tamanho que a gente ouvia as pisadas surdas dos passos dos acompanhantes.

Num dado momento, dando um pulo rápido, peguei o violão que estava em cima do piano, atravessei o jardim, ajoelhe-me na rua e cantei uma prece: "O Crucifixo", uma das mais bonitas composições de Fouri, com poesia de Victor Hugo.

Tenho lembrança de que cantei chorando. O acompanhamento dessa prece ao violão é dificílimo. Dificílimo pelos acordes e dissonâncias, que a embelezam. A voz saía-me da garganta e os versos dos lábios, com tanta suavidade, que a procissão foi passando serenamente, sem que houvesse o menor protesto pela ousadia do meu gesto!

Ao contrário, observei uma certa concentração nos sacerdotes e em todas as pessoas, que acompanhavam o préstito sagrado! Ainda hoje pergunto a mim mesmo o motivo daquela concentração! Por que não houve intervenção de uma autoridade ou de outra pessoa daquele mundo de gente, prendendo-me, ou, pelo menos, retirando-me dali!? Só atribuo essa condescendência à minha atitude respeitosa, à minha arte de cantar e à minha alma, alma de boêmio, mas de boêmio crente em Deus.

Pois bem. A senhora e as filhas de Sr. Furgêncio estragaram a formosura daquela insólita manifestação religiosa. Julgaram, na sua pobre incompreensão, que eu estivesse profanando aquela solenidade, inconsciente, talvez, do meu procedimento.

Diriam lá consigo: "Está bêbado!" E, pensando assim, as três, mãe e filhas, caíram, aos gritos, vítimas de um escandaloso ataque! A procissão, porém, foi seguindo o itinerário, sem a menor modificação!

Eu ouvia a gritaria, mas continuava a cantar com o mesmo sentimento. Parece-me até que com maior sentimento! Que cena escandalosa e, ao mesmo tempo, emocionante!! Enquanto as senhoras gritavam num nervosismo histérico, o poeta Pulcherio, diante do espetáculo do boêmio, do grande "seresteiro", oferecendo a Deus o culto do seu coração, do seu estro, chorava, deixando as lágrimas caírem dos olhos, como pedaços de sua alma de ateu!

Ele sabia que a prece que eu cantava ao violão era uma serenata crepuscular à morte de Jesus e à morte do dia, dando o último suspiro da luz. Só terminei o canto depois de ter passado a última fila dos acompanhadores, dos "fiéis". Nesse tempo os ataques tinham findado!

Sr. Fulgêncio e Queiroz, sem saber que dizer, abraçaram-me. Pulcherio, em breves palavras, fez ver àquelas senhoras que não havia motivo para o berreiro escandaloso, originado por ato tão nobre de um homem digno, como eu. A oração de Pulcherio foi tão convincente que as três senhoras, deixando-me de olhar com rancor, felicitaram-me.

Tudo acabando em paz, fomos jantar. A pedido geral, cantei, repeti a prece da procissão. Antes de cantar, recitei os versos da melodia e traduzi-os, para que elas compreendessem melhor. Eis os versos: uma quadra de Victor Hugo:

Vous, qui pleurez, venez à ce Dieu, car il pleure!
Vous, qui souffrez, venez à lui, car il guérit!
Vous, qui tremble, venez à lui, car il sourit!
Vous, qui passez, venez à lui, car il demeure!

São estes os versos que cantei com a belíssima, a formosíssima, a diviníssima música do excelso compositor. Tauré.

Vamos, agora, dizer como findou a festa, às duas horas da madrugada do dia seguinte. Após o suculento ajantarado, continuamos a beber e a palestrar. A dona da casa e as filhas, que tinham ido passear ou visitar a igreja, voltaram às nove horas da noite. Acharam-nos em plena farra.

Eu cantava, não preces, mas modinhas e canções sertanejas. Hipocritamente, esconderam-se no quarto, para não ouvirem aquela profanação. Mas, afinal, surgiram as três pedindo bis, esquecidas dos ataques da tarde. As duas senhoritas acabaram cantando uma modinha da moda!!!

E assim terminou, meus amigos, a tal história debochativa, que os senhores ouviram dos lábios do bobo conferencista. Pedi-lhes que desmascarassem o jogral, para que o povo da sua terra não me julgasse capaz de desrespeitar as cerimônias do nosso povo católico.

Empenharam a sua palavra de honra e saíram satisfeitos, levando uma inolvidável impressão de mim, mas um tanto encalistrados das risadas, explodidas por ocasião de ouvirem o orador-conferencista, o palhaço sem graça, o ofensor do meu caráter de incorrigível boêmio, mas de boêmio honesto.

Dias passados, Pulcherio, o homem mais ateu deste e de todos os mundos, falou-me assim: "Tu sabes que sou descrente de tudo. Sabes que me rio de tudo que cheira a religião! Mas, ouvindo-te ontem, sentindo o teu gesto de liberdade espiritual, já posso dizer, que, pelo menos por momentos, senti em minha alma, ressequida pela descrença, os influxos do teu talento divino, do teu coração de poeta do povo!"

"O povo, quando notou que eras tu o cantador, respeitou o teu aspecto! Muitos não compreenderam, mas não se animaram a interromper o teu surto de soberba religiosidade poética. O povo tem adoração por ti. Tu já estavas completamente ébrio, mas cada vez cantavas melhor!"

"A princípio, julguei que fosses sofrer algum desacato de algum fanático ou da intervenção de uma autoridade, afastando-te dali!! Não vi na fisionomia dos sacerdotes a menor prova de censura! Com a cabeça baixa, porém, comunicando, serenamente, como os demais".

"As senhoras dos ataques merecem desculpas. O teu ato só poderia ser entendido por um espírito superior. Confundiram uma hóstia d'alma com um vômito de bestialidade, uma profanação de bêbado. Quando me lembro da tua prece dos versos e dos soluços do teu meigo violão, sinto que Deus se aproxima de mim!" E concluiu, convidando-me para uma ceia de fígado frito, regada com uma vinhaça, um vinho verde, vindo há pouco de Portugal.

Os leitores, continuando a ler estas palestras, ficaram conhecendo a vida dos farristas, e, em particular, a minha vida de boêmio. Outros fatos se sucederão a esse da procissão e a outros de outras palestras publicadas nesta revista.

Não se admirem do que fiz. Naquele tempo, se me fosse permitido, entraria numa igreja com o meu violão e cantaria no altar-mor, não uma modinha ou uma canção, mas uma prece, como a que cantei, na passagem da procissão do Senhor Morto. Para Deus, tanto vale um violão, como um órgão ou uma orquestra.

A intenção é tudo. Repito mais uma vez o que disse, prefaciando um dos meus livros: "Não tem conta os predicados que fiz a Deus, cantando numa serenata, a Ele oferecida. Pedidos feitos em preces falharam muitos! Em serenatas, não me falhou um só!"

Também não abusei. Parece que a lua, as estrelas e a própria noite intercediam por mim! Se os leitores reprovarem as minhas "loucuras", supliquem aos religiosos que me perdoem. A Deus não peçam nada, porque eu sei que Ele está comigo.

CAPÍTULO 11

PORQUE ME TORNEI UM DEVOTO DAS SERENATAS

13 DE MAIO DE 1913

ESTA noite levei pensando em que havia de escrever para a palestra do dia seguinte. Pensei nos quatro maiores folgazões do Brasil: Satyro Bilhar, João Ripper, André Pinho e Amaral Junior, o "Morcego". Era um excelente assunto. É raro encontrar um homem de 50 anos que não tenha conhecido esses quatro demônios!

Todos empregados, farristas, mas exemplares chefes de família, excetuando Pinho, que era solteiro. Eram queridos por todos, em geral. De manhã, quando me preparava para escrever, não sei por que, resolvi deixá-los para mais tarde e escrever, hoje, sobre outro assunto, que o leitor só adivinhará quando eu lhe disser.

Vou falar sobre uma tentativa de suicídio, quando tinha apenas 17 anos! Há quanto tempo! O suicídio seria motivado pelo falecimento de minha mãe, que eu adorava. Eu morava na Rua de São Clemente, mas, depois do seu sepultamento, à noitinha, fui para casa de um amigo, na Cidade Nova, em Catumbi.

Voltamos do cemitério às 19 horas. Por mais que eu escondesse a minha grande dor, esse amigo percebia todo o meu sofrimento. Conversamos até meia-noite, hora em que ele me levou para um sótão da casa, onde me esperava uma caminha de berço, de aspecto acolhedor.

O amigo, depois de oferecer-me todo conforto, moral e material, disse, descendo as escadas: "Vá descansar. Amanhã conversaremos a respeito da sua nova vida. Durma sossegado". E fiquei só!!

Passado um quarto de hora, comecei a me sentir mal! Apoderou-se tal desânimo de mim que me atirei, prostrado, sobre uma cadeira de braços. Meia hora passada, andava pela salinha do salão, como um doido, um possesso! Estava só, completamente só!

Quis chamar pelo amigo ou por alguém de sua família, mas não o fiz, para não incomodá-los. Estavam tresnoitados e cansados. O meu tormento avolumava-se de minuto a minuto! Era uma hora da madrugada. Abri a janela, fitei o céu e tornei a fechá-la. Atirei-me de novo sobre a cadeira de braços.

De um ímpeto, abri a gaveta de uma velha cômoda, procurando um lenço. Mas... que horror! Que vi, enrolado numa toalha de rosto? Um revólver!!! Examinei-o. Estava carregado com quatro balas! Confesso que senti um arrepio por todo o corpo!!

Coloquei-o no mesmo lugar em que o encontrei, fechei a gaveta da cômoda e joguei-me outra vez sobre os braços da velha cadeira! A aflição aumentava! Já ouvia perto os passos descompassados da morte. Tive pavor de mim mesmo. Reabri a janela, fitei o céu cheio de estrelas, ouvi atenciosamente o silêncio da noite e tornei a cerrar a janela.

A minha angústia crescia! Era uma e meia da madrugada. Pensei numa salvação! Dirigi-me ao oratório de cima da cômoda, abri-o e pedi a todos os santos um pequeno alívio para a minha dor! Mas... os santos não me quiseram ouvir! Sobre o oratório estava um crucifixo. Parece que ouvi uma voz dizer-me: "Pede a ele".

Ajoelhei-me e durante cinco minutos, ajoelhado, rezando com toda a fé de minha alma, pedi-lhe um consolo, um pequeno consolo àquela dor cruciante, àquele martírio, demais para um coração humano!

Deitei-me na cama e aguardei o efeito da prece. Horrível! Jesus não quis me ouvir também! O mal crescia! Já não podia mais! Tinha de ceder, fatalmente! Tomou-me um pranto convulsivo! Ninguém ouvia lá de baixo, porque o amigo e toda a família dormiam a sono pegado.

Voltei ao oratório! Com surpresa, vi uma imagem da Virgem Maria, da Mãe de Deus, coberta por um véu no fundo do oratório, oculta por outra grande imagem de São Jorge. Uma esperança, branca e luminosa como aquele véu (o que velava a Santa Virgem), penetrou no meu coração, já sem alento!

Tirei a santa do oratório, coloquei-a sobre uma mesinha, ajoelhei-me, curvei a fronte sobre os dois braços apoiados na mesa e fiz-lhe uma prece mais fervorosa que todas as outras. Aquela última súplica era mais solene, pois se tratava de uma Mãe, a Mãe Divina! Rezei! Rezei! Terminada a súplica, deitei-me com a imagem sobre o meu peito. Assim levei uma meia hora.

Mas... devo dizê-lo: o consolo não veio!! Não veio!! As minhas palavras não apiedaram o coração da Mãe de Cristo!!! Tudo perdido!! A única salvação jazia ali dentro da cômoda: — o revólver! Primeiro, pedi à alma da minha mãe que me arrancasse do crânio a ideia do suicídio.

Desejava morrer, quando Deus determinasse e não pelas minhas próprias mãos! A loucura se aproximava! Vinha a galope! Como um doido furioso, descerrei a janela de par em par, fitei o céu, fitei as estrelas e, se não fosse um disparate, diria até que fitei o silêncio da noite!

A lua vinha subindo, num saudoso minguante! Eram três horas da madrugada. Procurei acalmar-me o mais possível. Abri a gaveta da cômoda e saquei para fora o revólver. Tracei num papel algumas palavras dirigidas ao meu amigo, pedindo-lhe desculpas pela covarde resolução.

Embora não me tivesse ouvido, pedi a Jesus Cristo salvação para a minha alma. Na ocasião em que fui fechar a janela, para que o barulho do tiro não despertasse a família assustada, ouvi uns sons longínquos, uma música distante, tão distante, que parecia vir da lua e das estrelas!

Era uma serenata! Aproximando-se, vi que era uma flauta, dois violões, um cavaquinho, um oficlide e um saxofone. Debrucei-me à janela, ouvindo aquele "choro" divino, que foi passando, passando, até se sumir ao longe, pelas caladas da noite!

Quando findou a última harmonia, eu era outro homem! Compreendi tudo! Os santos, o Cristo e a Mãe de Deus, conhecendo a minha alma de poeta, ouvindo-me as preces, deram-me o consolo com aquela serenata, que me restituiu a fé e a esperança na imortalidade!

Com o meu coração leve, satisfeito, como uma criança a quem se dá um brinquedo, agradeci aos santos, fazendo a última prece a Jesus, para que, futuramente, pudesse escrever, numa poesia, o milagre daquela noite milagrosa!

Aqui tem os leitores o motivo porque me tornei um devoto das serenatas. Mais tarde, Deus, fazendo-me poeta, satisfazendo a minha súplica, o meu mais ardente desejo, deu-me forças morais para escrever um poemeto, em que expunha aos amigos todo o meu martírio, e, depois, o consolo daquela música salvadora. Deus me fez poeta! Poetastro? Pouco importa. Tudo que tenho feito é dedicado a Ele. Ofereço-lhe o que Ele me ofereceu.

Em outras palestras, contarei muitos casos passados durante as minhas saudosíssimas serestas. Não sei se foi por mera consideração, mas tudo que desejei, depois dessa noite, pedi a Deus num belo "choro" ao luar, e, não sabendo também se foi por mera coincidência, sempre fui satisfeito em meus pedidos.

Por serem muito longos, não publico os versos do poemeto em que descrevo, minuciosamente, a tragédia da noite em que deixei minha mãe sepultada e voltei para a casa do meu amigo João de Deus, já falecido.

Sem aquela flauta, aqueles violões, aquele cavaquinho, aquele oficlide e aquele saxofone, todos tocando sob a regência de Deus, não estaria agora contando aos leitores a redenção da minha dor!

Sendo, como disse, muito longo o meu poema, o primeiro que fiz na minha mocidade, quando tinha 20 anos, logo depois de ter perdido a minha mãe aos 17, não resisto ao desejo de mostrar-lhe estas últimas estrofes, com que termino o dito poema. Ei-las:

Vendo que o céu de mim tinha piedade,
misericórdia dos soluços meus,
vi na lua uma Irmã de Caridade,
e vi no "choro" o coração de Deus.

Chorando de alegria, resignado,
Na janela fiquei, saudoso, ouvindo,
como um adeus feliz do meu Passado,
a serenata, ao longe, ir-se sumindo.

Ainda agora eu ouço dentro da alma
aquela bela música, tão grata,
porque, na solidão da noite calma,
na poesia da lua, que arrebata,

Vi minha dor chorando, mas cantando,
vi minha mãe me acenando,
e o próprio Jesus Cristo, acompanhando
a procissão daquela serenata.

Leitores

Dizei-me: que é uma noite de luar, uma noite de plenilúnio, senão uma "seresta" dos anjos?!

Se me fosse permitido e eu já não estivesse tão velho, sem energias para empunhar um violão e sem voz para cantar, já teria feito uma serenata num dia de Natal, num sábado de Aleluia, ou mesmo numa Sexta-feira Santa, pedindo a Deus pelo fim desta guerra maldita e pelo salvamento da nossa Pátria, deste grande, deste esplêndido, deste incomparável, deste coração de todo mundo, ou, antes, de todo o universo — o nosso Brasil!

O poeta é um maluco sublime e, como um maluco, como um doido religioso, quem sabe se Ele não me ouviria?!!!!

CAPÍTULO 15

UMA AVENTURA INESQUECÍVEL

20 DE MAIO DE 1913

REVIVAMOS nesta conversa a noite mais venturosa e desventurosa da minha vida de poeta, cantor e boêmio. Aos 25 anos, toquei flauta. Dediquei-me depois ao violão, sendo meu primeiro mestre um quartoanista de Medicina, morador na Rua Real Grandeza, em Botafogo.

Comecei a escrever modinhas, reformando as do passado, de 1894 em diante. Mais tarde, isto tudo tem de ser contado minuciosamente. Relembremos hoje essa estupenda noite que, por sinal, foi uma noite de São João.

O caso passou-se em Porto Novo das Caixas. A data? Não posso precisá-la, mas deve ter sido 1902, por aí assim. Eis o caso. Luiz de Souza, um dos mais extraordinários pistonistas do Brasil, "chorão", como nenhum outro, fora convidado por um negociante aqui, da Capital, para levar doze músicos à sua festa aniversária, na noite do grande santo farrista.

Tratava-se de um alfaiate português da Rua Sete de Setembro. Arranjadas as doze figuras, foi combinada a hora de embarque. Nessa hora, Luiz de Souza sofreu um desgosto: a barca partiu sem o tocador de sax. A falta era irremediável. Não havia mais barca senão no dia seguinte!!

Souza só faltou chorar! Fora um desastre! O dono da festa tinha recomendado que fossem doze músicos, não se sabendo a razão dessa exigência numérica. Chegamos. A casa ficava a uns 400 metros da estação. Pusemo-nos a caminho, tocando.

Compunha-se o grupo de onze instrumentos: piston, dois clarinetes, bombardino, oflicleide, bombardão, flauta, fagote, requinta, oboé e trombone. O sax completaria os doze exigidos. Ouvindo a música, os convidados saíram e foram ao seu encontro. Foguetes, bombas, pistolas, houve de tudo na recepção.

A casa ficava numa esquina de rua. Toda embandeirada e iluminada! Parecia um formigueiro!! Gonzaga teve a paciência de contar o número das saias: 200, fora os rapazes, velhos e velhas. Nunca vi tanta moça numa festa familiar!! Os convidados eram muitos, mas a sala de visitas era incomensurável. Mais de 100 metros de comprimento por dez de largura. Bela festa!!!

Chegados que fomos e terminado o "choro", recebeu-nos o dono da casa. Pediu que lhe fossem apresentados os doze músicos. Luiz de Souza fez-lhe ver a falta do saxofonista. Afirmou-lhe, porém, que isso não prejudicava o conjunto. Os músicos eram professores e mestres em seus respectivos instrumentos.

Mas o negociante, fechando a cara, recebeu a explicação de Souza com estas frases inesperadas: "Sinto muito não me ser possível aceitar as suas desculpas. Fizemos promessa a São João, dando-lhe sempre doze músicos no dia de hoje; doze, por este ser o número dos apóstolos. Peço-lhe não tocar mais nada.

Para diminuir o seu prejuízo, pagarei as passagens de ida e volta. Contrato é contrato. Não sei se o músico que faltou prejudica ou não a harmonia dos outros. Sem os doze, completos, não se dará mais uma nota nesta casa A promessa será rigorosamente cumprida. Arranjarei uma condução para os senhores voltarem. Eis o que tinha a dizer-lhe, senhor Souza."

Se Luiz de Souza não fosse um homem calmo e refletido, teria caído ali, fulminado por essas palavras do Sr. Antônio Portugal Lisboa do Porto, o negociante português. Os nossos companheiros não presenciaram essa cena. Estavam distantes. Eu me achava ao lado de Souza, por isto compreendi o desastre. Todos voltariam sem ganhar um vintém!!

Tempo perdido! O grande pistonista baixou a cabeça, olhou para mim e, decidido, disse ao dono da casa: "Sr. Lisboa, o meu amigo

Caxinguelê toca sax. Se fosse viável arranjar um instrumento para ele, tudo seria resolvido." O amigo Caxinguelê era eu!

De pronto, o homem respondeu: "O instrumento arranja-se. Daqui a duas léguas há um rapaz que está aprendendo a tocar esse metal. Vou mandar selar um bom cavalo e teremos o seu sax dentro de duas horas. Demora tanto, porque os caminhos estão maus, pelas chuvas continuadas".

Luiz de Souza gritou: "Tudo salvo! Vamos tocar!" O negociante, porém, obtemperou: "'Não! Nada se tocará enquanto não chegar o sax do Sr. Caxinguelê. Só tocarão doze instrumentos. É a promessa".

Pedimos licença e fomos nos reunir aos outros companheiros. Quando eles souberam do caso, sabendo que tudo já estava sanado, sem o perigo do triste regresso, riram-se à larga. Cada um foi passear pelas cercanias, aguardando a chegada do meu instrumento!!

Souza me recomendava: "É necessário todo cuidado para o homem não desconfiar. Você deve fazer o caradura e representar bem o seu papel. Você foi quem salvou a situação! Ânimo firme! Combinaremos o resto mais tarde".

Houve pedidos de todos os convidados para que a música tocasse alguma coisa para dançar. Mas o Sr. Lisboa era inexorável! Não permitia. A tal promessa dos doze era fatal. E, assim, com a casa transbordando, foram-se passando os minutos. Eram onze horas da noite, quando chegou o cavaleiro com o sax!!!

O homem, depondo-o em minhas mãos, exclamou, vitorioso: "Eis aqui, Sr. Caxinguelê, o seu amigo. Veja se lhe agrada". Não me atrapalhei. Disse-lhe que ia dar-lhe um banho de Parati [cachaça], pois o bicho estava muito sujo. Ele entregou-me uma garrafa de cachaça, retirando-se logo. Era o que eu queria. Dei uma lavagem no sax e botei-o logo no banco dos músicos, com os demais instrumentos, junto à estante.

Mas o raio do homem volta depois e interroga-me: "Que tal?"

"Muito regular."

"Já soprou?"

"Já".

Então, virando-se para os colegas, bradou:

"Vamos dar começo às danças."

É bom que o leitor saiba que desde que chegamos até aquele momento, já tínhamos feito inúmeras libações. Eu bebi mais que todos. Tinha necessidade disto, para bem representar o meu papel. Como ia tocar aquele instrumento, se nunca pus a minha boca no bocal de um sax!!! Seria o que Deus quisesse!

Os músicos sentaram-se, empunharam seus instrumentos, olharam para as partes musicais e... executaram uma quadrilha. Sr. Lisboa veio colocar-se junto de mim, para ouvir o som do sax!!! Soprei, soprei, sem conseguir tirar um som! Não encabulei, embora Sr. Lisboa olhasse espantado para mim.

Mexi nas bombas do dito e soprei com tanta força que quase caí do banco!! Alguns companheiros riram-se, à socapa. Quando arranquei aqueles sons do metal, estragando com aquele disparate a harmonia daquele grupo de professores, o homem sorriu e gritou: "Bravos, Sr. Caxinguelê! Conhece o bicho com quem lida!"

Dito isto, ausentou-se. Foi a minha felicidade! Tirei o maldito da boca, olhando sempre para o lugar de onde senhor Lisboa reapareceria em breve. Quando ele surgia, eu achegava o sax aos meus lábios e berrava. Já tinha os dentes em petição de miséria! Um cheiro de azinhavre de bronze, impossível de suportar!!

Felizmente, o homem aparecia, alegrava-se com a berraria do meu instrumento, mas ausentava-se logo, deixando-me folgado! Tive de tomar parte em valsas, polcas, mazurcas, chotes e outras danças da época. Era uma hora, quando Sr. Lisboa apresentou-nos o saxofonista. Agora é que era o perigo!!

Como poderia eu "berrar" diante daquele aprendiz? Tive um expediente felicíssimo. Eu e Souza chamamo-lo, à parte. Souza exclamou, abraçando-o. "O Sr. salvou a situação! O 'professor' Caxinguelê não pode mais. Está com uma forte dor de cabeça! O senhor toma o seu lugar. É favor".

Mas, qual! O saxofonista não se animava a tocar diante do "mestre"!! Mas foram tantas as nossas insistências, que ele acedeu. Comunicou-se o fato ao Sr. Lisboa e eu pulei fora, sentando-me num recanto, fingindo a dor de cabeça e tomando um trago de cinco em cinco minutos!

Mas, agora, o imprevisto! Sr. Lisboa aparece com um violão e lança-me este pedido, sem mais nada: "Sr. Caxinguelê! Já descobriram quem é o senhor! O senhor estava mal colocado. Enquanto os músicos vão fazer bem à barriga, vai o cantor para a sala, animar as moças com as suas modinhas. Dê-me o braço".

Ao ser apresentado com o meu próprio nome, uma senhorita, de uns 40 anos, proferiu um discurso bombástico, saudando-me. Disse-me coisas inéditas, articulou um Catulo Cearense tão bem articulado que o auditório ensurdeceu-me com uma bulhenta salva de palmas.

Mas, com franqueza, nunca vi uma moça tão feia, como essa que acabava de saudar-me! Agradecendo-lhe aquela saudação, dirigi-me a todas as senhoritas presentes (umas 200) e disse-lhes que ia cantar a minha modinha "O que tu és", oferecida à que fosse eleita a mais bela de todo aquele formoso auditório!

As próprias sonhoritas é que seriam as eleitoras. E soltei a voz. Tal o silêncio, que se ouvia a respiração de toda aquela gente. Mas, depois, foi o diabo!!! As moças queriam dar cabo de mim! Pareciam querer devorar-me! A feia, a oradora, não sabendo mais que fazer, deu-me um abraço!!

As outras não fizeram o mesmo, porque Sr. Lisboa interveio. Cessado o rumor dos aplausos, mandou que se procedesse à eleição, enquanto eu ia ceiar ao seu lado. Magnífica ceia! As danças recomeçaram. A eleição já tinha sido feita. Esperava-se a minha presença para ser apresentada a rainha!

Sr. Lisboa, que comia e bebia tanto, como eu, disse-me: "A eleita é uma moça extraordinária. Você vai ver. Prepare-se para receber a surpresa. Chama-se Adelia. É filha da viúva de um advogado riquíssimo e filha única. Nunca namorou. Quase não sai de casa. Não se dá com ninguém. Nenhum rapaz obteve um sorriso de seus lábios. Todos que a veem, ficam apaixonados. Conheço dois médicos, um advogado e um farmacêutico que se bateram por ela, sem que ela ligasse. Duvido dessa eleição. Não aceitará. É esquisita demais. Estou admirado de ela ter vindo à nossa casa. Veio e veio com a mãe viúva. Todos estão pasmados com a sua presença. Você não repare, se ela o tratar com frieza. É educada, mas indiferente, principalmente aos homens. Toca piano e aprendeu a tocar violino. Canta, mas só para os seus íntimos. Nada mais você precisa saber. Já se acha prevenido para o que der e vier. Se ela rejeitar a eleição, faremos outra. Só lhe peço isto: quando a vir, disfarce a sua admiração! Se não tiver coragem de fitá-la, olhe para os lados. Vamos comendo e bebendo. Você, o célebre Caxinguelê, o afamado cantor, veio abrilhantar esta festa por um acaso. Abençoada a falta do homem do sax."

Ouvindo esse aranzel, eu avançava no carname e refrescava a garganta com vinhos de mesa, licores, cerveja, conhaque, pois tudo havia com fartura. Aí, por volta de três horas, terminamos a ceia e, numa última libação, levantamo-nos. Sr. Lisboa não tinha forças para acompanhar-me no copo! Já tinha os olhos amortecidos.

Mas era um homem forte e suportaria com elegância as fartas libações, sem dar mostras de ter sido vencido na batalha. Esperamos o final de uma quadrilha, para darmos entrada na grande sala. E entramos. Houve silêncio. Todos os músicos se levantaram com desejos de apreciar o resultado da eleição.

Depois de uma breve conferência com as moças, Sr. Lisboa, satisfeito, trouxe pelo braço a eleita, apresentando-me. Tempestade de aplausos!! Quando fitei a senhorita, quase desmaiei! As pernas tremeram-me e os olhos doeram-me de tanta formosura! Não sabia que dizer! Com dificuldade, felicitei-a pela justiça de todas as eleitoras.

Ia sentar-me na minha cadeira, distante, quando ela, puxando-me pelo braço, convidou-me a ficar a seu lado e cantar outra modinha, essa, porém, diretamente oferecida à sua beleza. A moçarada não pôde conter o espanto causado por aquele pedido, meio imperativo, mas com uma intimidade surpreendente naquela senhorita, retraída, fria e fidalga, como sempre se mostrou até aquele instante.

Vacilei! Que iria cantar para aquela divindade, uma poesia humana! "Senhorita! Um momento!" Fui à sala de bebidas e enfiei uma dose de cachaça, com o propósito de embriagar-me. Voltei, reassentei-me a seu lado, esperando os efeitos do licor dos farristas! Nada senti!

Admirando cada vez mais a beleza daquele anjo, não experimentei os efeitos da embriaguês, mas senti a exaltação, a dor violenta, a dor moral da ebriedade! Que perfume vinha de seus cabelos, de seus lábios, de seus olhos matadores! Eu não falava, com medo de ela sentir o cheiro da cachaça, sorvida com tanta sofreguidão!

Pensei, refleti, excogitei e decidi-me: — cantaria a minha modinha, "Os olhos dela". Levantei-me, antecipando o canto com estas palavras: "Senhoritas! Minhas senhoras! Meus senhores! Este momento é o mais belamente trágico da minha vida!" Dirigindo-me a ela, acrescentei: "Senhorita! Perdoai-me! Um sapo vai cantar os olhos de uma estrela! Tende piedade deste mendigo da vossa celestial formosura!"

Fiz menção de ajoelhar-me a seus pés, porque a cabeça não podia suportar tamanha emoção. Com uma frase carinhosa, não consentiu a minha genuflexão. Soergui-me e afirmei: "Pela alma de vosso pai e pelo amor de vossa mãe, consenti que eu cante de joelhos". Diante desta súplica, cedeu, visivelmente perturbada.

Ajoelhei-me e comecei a cantar "Os olhos dela". O violão não era um instrumento! Era um soluço musicado! A minha voz era a de um gaturamo, brindando a alvorada da primavera. Mas... deixemos de retórica e vamos ao final!!! Preparai-vos todos os que me ouvem!

Ponde a mão sobre o vosso coração, para que ele não salte pela boca! Ides morrer de inveja! Moços e velhos, atenção! Vou dizer-vos o final! Lá vai! Atenção! Ao suspirar a última palavra da modinha, aquela moça, satanicamente bela, aquela criação de Deus e do demônio, em meio de uma tormenta de palmas, pôs em minha fronte a hóstia de um beijo consagrador!

Não me deixou mais. Levando-me ao jardim, oferecendo-me uma flor que trazia nos seios, sob o fulgor da lua e das estrelas, me fez esta declaração: "Não viverei mais sem ti! Antes da hora maldita de te separares de mim, quero saber onde moras. Quero te escrever e confessar-te o que sinto por ti. Nunca pensei amar neste mundo. Ou virás aqui me ver ou eu irei ver-te, onde estiveres. Não te vá sem me ouvires ainda uma vez. Agora, Catulo, vou te apresentar a minha mãe! É a maior surpresa que lhe podia fazer: — apresentar-lhe um homem, e um homem conhecido de hoje! Venha!"

Seguia-a, cabisbaixo. Chamando à parte a sua progenitora, uma senhora de uns 50 anos, bonita coma uma moça de 20, "mamãe", disse-lhe. "Apresento-lhe o meu coração, encarnado neste moço. Consinta que ele lhe beije as mãos!" Beijando as mãos daquela senhora, pedi licença à senhorita para falar com os meus colegas, os músicos.

Eram cinco horas da manhã. Numa resolução inabalável, fugi para o mato, escondendo-me até o partir da barca. Nem com os músicos falei! Na hora da partida, no fim da festa, foi um caso sério!!! Os companheiros me procuravam sem saber explicar a minha ausência.

O dono da casa e todos os convivas não se entendiam, procurando-me por todos os lados. A senhorita, pálida, muda, estarrecida, sentara-se perto de sua mãe, não disfarçando a aflição, causada pelo meu brusco desaparecimento!

Os companheiros, prevendo algum plano meu, despediram-se, rumando para a estação das barcas. Eu já estava lá metido num esconderijo e só dele saí cinco minutos após a partida. Todos aprovaram o meu ato. O amor daquela moça era muita felicidade para mim! Conformei-me com a noite.

Passa-se o tempo. Em 1910, pela informação de um amigo de Luiz de Souza, soube que essa moça conservava-se solteira, vivendo vida privada, sem sair de casa, tal como dantes. Mais tarde, pela boca de um compadre do velho Gonzaga soube mais outras coisas muito sérias. Constava que ia recolher-se a um convento! Em 1930, tive notícias dela. Estava solteira. Mesmo sem sair de casa, aparecendo à janela raras vezes, tinha rejeitado muitos casamentos. Disse-me um morador de Porto das Caixas que a sua fisionomia era a de uma freira macerada. Previa para breve a sua morte. Garantiu-me que ela havia confessado ao senhor Lisboa a fatalidade da sua paixão. Viverá ainda Sr. Lisboa? Não sei. E ela? Se já morreu, Deus a tenha no reino da Glória. Se ainda vive, com os seus 60 anos, e lê esta recordação da noite trágica do nosso encontro, perdoe-me se sou criminoso. Considere que um pobre poeta não poderia merecer de Deus tanta felicidade.

Não desejo vê-la. O choque seria mortal. Juro-lhe, porém, que aquele segredo do jardim, aquele seu juramento, sepultou-se em meu coração e com ele morrerá!

Observação

Rogo aos leitores corrigirem alguns erros encontrados nestas crônicas, de fácil correção, pois se vissem os meus originais a lápis, com uma letra enigmática, ficariam admirados, como eu fico, de ver como os linotipistas e os revisores de "Vamos Ler!" podem adivinhar esses meus hieróglifos. Envio, pois, veementes felicitações a esses Champollions brasileiros, os heróis desta Revista, a mais lida e mais querida do Brasil, de norte a sul.

CAPÍTULO 15

TRÊS CHEFES DA VELHA GUARDA: SATYRO BILHAR, ANDRÉ PINHO E AMARAL JÚNIOR: O MORCEGO

27 DE MAIO DE 1913

FALAREI, hoje, de Satyro Bilhar, André Pinho e Amaral Junior, conhecido na roda por "Morcego". André foi demitido da Estrada de Ferro três vezes, por dar passagens de meia-cara a farristas, como ele.

Toda a sua família era composta de inveterados cachaceiros. Mas o maior era ele. Vermelho, olhos esbugalhados, nariz rombudo, faces proeminentes, orelhas de abano, sobrancelhas grandes e cerradas... um tipo cômico! Nunca o vi beber água. O seu café pela manhã era Parati (cachaça).

Não obstante tudo isto, era grande trabalhador. Serviu na Marinha. Foi soldado de Floriano [Peixoto]. Amigo de sua mãe, uma paraguaia, moradora na Piedade. Morreu há uns 20 anos. De milhares de casos que teria de contar desse boêmio, escolho este, por ser um dos mais interessantes.

Por ele se fará um juízo do que foi esse famoso pagodeiro. Benjamin de Oliveira dava o seu benefício no Circo Spinelli. André, seu compadre, foi oferecer-se para fazer um número. Cantaria uma modinha e os acompanhadores seriam eu e José Conceição, hoje aposentado da Guarda Civil.

Na noite do espetáculo, lá estava o cantor pronto para cantar com a sua voz de baixo profundo, voz que mais parecia rugidos de leão.

A sua voz era tão forte que, quando cantava, fechava os ouvidos para não ouvi-la! Antes de entrar em cena, dizia ao Benjamin: "Vai ser um sucesso!"

Já sabendo qual seria esse "sucesso", dei o fora, na ocasião em que os dois, ele e Conceição, entravam no picadeiro. Fui para as arquibancadas, apreciar o sesquipedal Tita Rufo. O cantor foi recebido com estardalhantes manifestações. Terminadas essas, levantou os braços e começou a gargantear.

Dentro de dois minutos, rompeu uma vaia de ensurdecer! Gritos, batimentos dos pés nas arquibancadas, assobios agudos, uma inferneira como nunca vi e ouvi! Até a plateia ria-se, vaiando o "artista"! Pois bem.

André Pinho continuou a cantar, indiferente àquela pateada, como se estivesse sendo ouvido no maior silêncio imaginável! Quanto mais os assobios aumentavam, mais ele berrava com seus rugidos de leão revoltado! No meio daquela barulhada, Conceição quis fugir, mas o cantor agarrou-lhe pelo braço e disse-lhe: "Caboclo! Aguenta firme, que o serviço é este!"

E continuou a modinha, tendo Conceição preso em seu braço de gigante, até o último verso da canção! O melhor estava reservado para o final. O circo, que estava cheio à cunha, dividiu-se em dois partidos. Metade prosseguia furiosamente na vaia, a outra metade aplaudia o "artista" com tantas palmas que se confundiam os aplausos com a pateada.

O cantor retirou-se do picadeiro com toda aquela barulhada infernal, levando preso pelo braço o pobre do Conceição, que jurava nunca mais cair em outra! O pessoal lá dentro estava em rebolico. Uns riam-se, outros comentavam, apavorados, o "sucesso" daquela noite memorável!

Conceição desapareceu, sem esperar pela ceia, depois do espetáculo, em casa de Benjamin. Vindo eu cumprimentá-lo, felicitando-o pelo "sucesso", disse-me: "O que você perdeu, Catulo! Sou ou não sou um artista consagrado!?"

Antes de recomeçar o espetáculo, interrompido largo tempo pelo seu "sucesso", veio sentar-se numa cadeira da plateia, onde pudesse ser vista pelo povo. Assim que o viram, uns gritavam: "Sai fora, gerico!" Outros berravam: "Garganta de bode velho!" Outros: "Voz de tambor rachado!"

Outros: "Cara de cachorro-quente!" Outros: "Coruja de cemitério!" Outros: "Cara de quati fugido!" Pois bem: pensa o leitor que André se incomodava com aquela nova assuada? Nada disso. O homem, acenando para uns e outros, agradecia, exclamando: "Obrigado, meu povo!"

Atirando beijos para todos os lados, dizia a mim e a Benjamin, que estávamos a seu lado: "Vejam vocês que popularidade!" E foi assim que terminou o grande número do grande boêmio André Pinho, o farrista de que os velhos, como eu, se recordam com saudades. Pergunto ao leitor: "Poderá existir no mundo um homem comicamente cínico, como o famoso herói, de quem acabei de vos falar?"

Vejamos agora os outros dois chefes do bando: Bilhar e Amaral Junior, o "Morcego", arraigado carnavalesco dos Democráticos. Um episódio apenas. No segundo dia de carnaval, apareceram os dois no largo de São Francisco, por volta de quatro horas da tarde. Ambos sem máscara, sem pintura. Cara limpa.

Bilhar com uma casaca preta, calça de riscados e uma cartola de meio metro de altura! Vinha todo espigado, a cumprimentar todo mundo, sem que ninguém o cumprimentasse. A cartola não lhe ficava na cabeça um momento sequer. Levava pelo braço o "Morcego", vestido com uma saia escandalosa, umas botas mais escandalosas ainda e com o tronco quase nu, ostentando uns seios demasiadamente volumosos!

Trazia um par de brincos, que lhe batiam nos ombros! Cabelo cortado a escovinha! Era a esposa do velho Satyro Bilhar. "Morcego", com a sua cara engraçada, e com os seus requebros de velha gaiteira, provocava uma formidável hilaridade ao lado do seu marido, ambos reconhecidos por todos. Bilhar, teso como um frade de pedra, sustentava uma seriedade, um aprumo de diplomata em ocasião solene.

Entraram pela Rua do Ouvidor debaixo de aplausos delirantes dos que os seguiam, mais de 300 pessoas. Por onde passavam, ouviam-se gritos de: "Viva Bilhar! Viva o Morcego!" Subiram pelas escadas do "Jornal do Comércio", que, nesse tempo, tinha a sua redação e as suas oficinas em um prédio acaçapado, com uma tabuleta que lhe tomava todo o frontispício.

Subiram as escadas e dirigiram-se à redação. A sua "mulher", toda se desconjuntando, toda se saracoteando, explicava a razão por que ia pedir o divórcio. As pilhérias eram de uma graça completamente original! As descomposturas lançadas contra o "marido", desrespeitador dos deveres matrimoniais, bilontra, conquistador, jogador, farrista e carnavalesco, era uma coisa de não se poder suportar.

Riam-se os redatores, riam-se os presentes e até lá fora, na rua, o pessoal aplaudia, embora ouvisse muito pouco as queixas da virtuosa esposa de Bilhar! Terminadas as ditas queixas com muitas felicitações à queixosa, fez-se silêncio, para se ouvir a palavra do esposo, ultrajado pela sua consorte, a tremenda acusadora.

Bilhar, que tinha ouvido toda a acusação com a fisionomia imóvel e sem exalar um suspiro, levantou os braços e começou a sua "rebinbomaica" defesa. Leitor amigo! Era impossível ser mais espirituoso. A cara com que o ouvia a lindíssima senhora, "Morcego", fingindo contrição de culpada, por ser mentira tudo o que havia dito, faria rir o próprio rei dos infernos!

O discurso do marido ultrajado durou dez minutos. No fim, uns tomaram o partido de Bilhar, outros, o da esposa, o celebérrimo, o democrático "Morcego". Felizmente, os dois se reconciliaram e partiram para novas conquistas carnavalescas. Gastaram hora e meia para voltarem ao largo de São Francisco, tal era a aglomeração de gente que os cercava!

Pelo caminho, o mesmo sucesso foram conquistando. À noite, passando pela confeitaria Paschoal, encontrei os dois num formidável pileque! Só os encontrei de novo às quatro horas da madrugada, na estação central da Estrada de Ferro, de volta para casa, quase desacordados de sono e de bebidas! Bilhar todo esbodegado, "Morcego" pior ainda! Eu trazia o violão sem cordas, com o tampo rachado, pois a festa do aniversário, de onde eu vinha, tinha acabado num charivari dos diabos!

Para concluir, vamos a mais um caso de Bilhar e de "Morcego". Vínhamos eu, ele e mais uns companheiros de uma grande festa na rua da Real Grandeza. Eram três horas da madrugada. Ao passarmos pelo Cemitério de São João Baptista, o Videira, o flauta do terno, opinou: "Vamos tocar um choro para os defuntos!" Todos aprovaram. Bilhar, que era muito tímido, opôs-se formalmente. Não gostava de negócios com os mortos.

Mas Videira embocou a flauta e entrou no "choro", acompanhado de todos nós. Nisto, com espanto, ouvimos umas palmas vindas de dentro do cemitério e foi um horror! Videira, pálido, metendo a flauta no bolso, apressou os passos, fugindo dali, enquanto nós fazíamos o mesmo, disfarçando o medo!

Mas Bilhar, deixando o violão em pé no paredão do Campo Santo, disparou numa carreira vertiginosa, que só teve descanso na esquina da Rua General Polydoro com a Rua da Passagem! Encontramo-lo sem fala, todo molhado de suor, para não dizer de líquido mais colorido! Se não lhe déssemos uma boa lambada da água que os cachorros não bebem, Bilhar morreria pelo susto!

Desde essa noite, Bilhar não entrava mais num cemitério. Nem para acompanhar um enterro! Como não seria justo deixar o leitor sem saber a origem daquelas palmas do cemitério, aqui vai a explicação. Conversando dias depois com um empregado, um vigia, daquele Campo Santo, soube que foi ele o autor das palmas.

Fazendo a sua vigilância noturna e passando pelo mesmo lugar onde passava a serenata, muito naturalmente, aplaudiu com aquelas palmas, sem pensar o que elas poderiam causar! Todos se riam, depois. Mas Bilhar jurou, apavorado, nunca mais cair noutra. Não se limitou às palmas.

Afirmou ter visto vultos de defuntos, empunhando os seus violões! Eram, segundo ele, os companheiros ali enterrados, que, ouvindo a serenata, também queriam tomar parte no "choro"! Muitos anos volvidos, Ernesto Senna, repórter do "Jornal do Comércio", com lágrimas nos olhos, dizia-me: "Nunca mais vi dois máscaras de tanto espírito, como 'Morcego' e Bilhar!"

Morcego e Bilhar fariam os dois somente um segundo dia de carnaval ou os três dias, com as suas pilhérias de ineditismo surpreendente. Lembro-me também da modinha que você cantou, logo após a discussão do casal de patuscos, modinha acolhida por todos com uma metralha de palmas e vivas de fogoso entusiasmo!", disse Senna.

E, batendo-me no ombro, desapareceu entre a multidão ambiente. Quem acabou de ler-me dirá: "Não achei graça". E tem razão. Mas se tivesse visto as coisas com os seus olhos e ouvido com os seus ouvidos, repetiria o que disse nosso saudoso Ernesto Senna.

CAPÍTULO 17

O DEMOSTHENES DA BOEMIA

3 DE JUNHO DE 1913

HOJE, é a vez do boêmio mais boêmio dos que tenho falado nestas palestras. Chamava-se João Riper. Era guarda da Alfândega. Por mais de 30 anos, fui companheiro de farras desse farrista. Entre as suas extravagâncias, entre os seus despropósitos, havia um curiosíssimo: tinha-se como um grande orador.

E é como orador que vou apresentá-lo aos leitores. Podia contar mais de mil casos, mas entendo que dois serão suficientes para que saibam quem foi esse Demóstenes das farras e dos antigos pagodes. Vejamos a festa na noite de Santo Antônio, no palacete do leiloeiro Assis Carneiro, na estação de Piedade.

Eu e Riper, sem sermos convidados, chegamos à tardinha. Assis recebeu-nos de braços abertos. Levou-nos para a adega e aí ficamos, a nosso pedido. Às 19 horas, serviu-se o carname. O anfitrião foi nos buscar naquele sítio tão aprazível, para tomarmos parte no jantar.

A mesa fora posta na chácara, mesa para 200 pessoas. Por acaso, sentei-me ao lado do conselheiro Magalhães Castro, amigo de Assis, um velho simpático, de barba cheia e branca, mas de fisionomia um tanto severa. Dava ideia de que nunca sorriu. Riper, já bastante "pesado", sentou-se à minha esquerda.

Eu também não estava lá "para que digamos". Num momento preciso, volto-me para o patusco e proponho-lhe: "Pede a palavra e brinda o conselheiro por todos nós e em nome de Assis. Olha que esse varão é figura de alto prestígio. É um grande professor de ciências. Vamos".

Riper, sem perda de um minuto, ergueu-se e começou a falar. Começou por uma palavra enigmática. "Conselheiro! Desejo saudá-lo em nome de todos, no mais amplo hepopérito..." e fez uma pausa, bebendo um trago.

O conselheiro, surpreendido com aquele brinde e aquele "hepopérito", palavra bonita, sonora, mas desconhecida de todos os dicionários, olhou-me cheio de espanto e perguntou-me: "Que disse ele?" "Hepopérito, conselheiro".

O conselheiro fechou a cara e resmungou, baixinho: "Este homem é maluco!" Mas Riper, depois da valente talagada, prosseguiu, sempre majestático e solene. No fim de poucos minutos, a assistência rebentava numa gargalhada, fazendo todo o pessoal da festa vir saber o que era!

O conselheiro, meio encalistrado, parecia querer sumir-se, sem ser visto por ninguém! Suava em bicas! E Riper continuava e as gargalhadas cresciam, provocadas pelos seus "voos oratórios" e imagens absurdas! Por fim, o ilustre ancião já sorria, acompanhando o auditório. O tribuno não se importava com aquelas manifestações, como era seu costume.

Perorando, Riper fita o conselheiro com ar imperioso, e, solene, exclama: "Conselheiro Magalhães Castro, vós sois Pajé, Nigromante, Pirata sensibolesco desta festa lírica, em que o vosso coração, envelhecido pelas canoridades de vossas serpolências de tênue ou baixo profundo, se revela com todo o hepopérito dos cantores 'escrementados'".

Ao proferir, com ênfase, esta última palavra, explodiu uma tamanha gargalhada por todo o ambiente, que parecia não ter mais fim! O conselheiro, rindo-se desabaladamente, foi o primeiro a levantar-se, para, chorando de tanto rir, cumprimentar o orador, dando-lhe um abraço!

Riper, em lugar de "escarmentado", soltou aquela palavra, não sei se por ignorância ou por estar pesadamente alcoolizado. O que é fato é que todos se levantaram vivando o tribuno e se dirigiram ao salão, para ouvir o concerto. Fui eu quem o abriu, cantando ao violão. Cantei duas horas sem tomar fôlego!

Findo o concerto, espalhou-se por toda a casa que Riper ia terminar a festa, fazendo um discurso sobre Santo Antônio, junto da capelinha do palacete. Todos corriam para fora, para ouvi-lo! Eram tais as corridas que toda aquela gente parecia um bando de doidos, fugindo do hospício!

O conselheiro só conseguiu um lugarzinho porque Assis, rompendo a multidão, levou-o pelo braço até o orador. Não ouvi esse famoso discurso, porque fui para a adega com um filho do leiloeiro e lá fiquei até o final. Soube, porém, que a oração ripiana a Santo Antônio foi um colosso!

Foi mais destemperada do que o brinde ao conselheiro! A festa acabou às quatro horas da madrugada. Assis Carneiro teve de mandar preparar o seu carro para levar João Riper até a sua residência, por ser deplorável o seu estado. Eu acompanhei-o. Mais uma de Riper na estação de Comércio, completamente "empilecado".

Festa em casa de um fazendeiro. Noite de lua. Mesa num enorme terraço. Senhoras, senhoritas e cavalheiros. Riper, a meu pedido, vai falar. Um brinde ao dono da casa, o Sr. Lage. Levanta-se, toma a sua atitude solene, e começa: "A liberdade..."

Ouve-se um rumor, como um tiro surdo de pólvora seca, distante! O auditório, suspenso, finge que não o ouviu! Nota-se concentração em todos! O orador, depois de breve pausa, olha para o céu, sorri para a lua cheia e continua, sereno e sorridente: "A liberdade, senhores, é a capitação simiesca da lua e das estrelas!"

O auditório pasma pela extravagância da imagem! Ele prossegue: "A liberdade..." Outro sussurro, outro tiro, como o primeiro, é ouvido com mais nitidez! Riper não se perturba! Mexe numa cadeira. Mexe num prato. Bate com uma colher na mesa. Tempera a garganta. Procura uma rima semelhante aos dois tiros de pólvora seca, mas não encontra. Foi o bastante. Estalou a gargalhada geral.

As senhoritas retiraram-se, em grande algazarra, mas os cavalheiros ficaram. Riper esperou que, com dificuldade, se restabelecesse o silêncio, e, sempre calmo, recomeçou: "Meus senhores! Não estranho esta manifestação ruidosa, que acabo de receber! Acho natural esta alegria, purpurificada em todos vós! Um ruído! Um som de tiro abafado e distante. Foi uma metabolificação dos comprimidos, num aparelho médico-legal, ou, antes, foi a soltura de um preso que sai da prisão, estertorando de pasmódica alegria, dando um 'viva' a Liberdade salvadora!"

Estrondou de novo a gargalhada e Riper acabou recebendo uma tremebunda ovação! Fiquemos por aqui. Poderia contar-vos mais de mil casos, como esses, que não foram os mais interessantes. Ficará para outra vez. Lamento não possuir uma fotografia do insigne farrista, para que os leitores pudessem ver a cara do boêmio, quando pronunciava as suas orações estrambólicas.

Mas não termino sem vos dizer que, ao despedir-me do Sr. Lage, comprometi-me levar outra vez à sua casa o orador, o célebre, o sesquipedal João Riper. Como esse homem conseguia prender os que o ouviam com os seus disparates tão disparatados?! Mistério!...

Guimarães Martins, meu ilustre amigo e conterrâneo, o grande admirador de Apolônia Pinto, como são todos os brasileiros, já me escreveu duas cartas, pedindo que não evoque o testemunho de ninguém, pensando que haja alguém que descreia de muitos episódios da minha boemia.

Atenderei ao seu pedido. Há fatos, porém, na minha vida de folião, que, contados por mim, tornam-se inacreditáveis! É por isto que vacilo em publicar minhas Memórias. Estou ouvindo muita gente, depois de ler a minha palestra —"Uma aventura inesquecível" — dizer com superioridade: "Esse homem é patologicamente vaidoso".

A consciência me afirma o contrário. De vez em quando, recebo a visita de um repórter, buscando uma entrevista. Converso com ele intimamente, como se fôssemos amigos de largos anos. Ele me ouve, ri-se, aplaude, elogia-me, diz já ter ouvido por outros tudo o que lhe acabo de copiar e sai prometendo fazer uma linda crônica sobre a minha figura.

Dias volvidos, manda-me o jornal em que escreve. Decepção para mim! Adultera tudo que me ouviu! Diz que eu só falo de mim próprio! Victor Hugo, Lamartine, Musset e até Dante são considerados por mim como simples poetastros! Que barbaridade! Que injustiça! Foi o que fez o Sr. Joel Silveira, brilhante redator de "Diretrizes".

Mas... Valha-me Deus! Tudo o que eu disse ao Sr. Joel está escrito! E eu não lhe contei nem a milésima parte dos encômios com que os grandes homens me têm distinguido! Meu querido Guimarães Martins, que sentirá esse jornalista lendo as minhas palestras?! Contudo, dou-te razão. Eles brincam comigo, mas bem sabem o quanto peso!

O cronista da popular "Diretrizes", falando sobre a minha pessoa, só teve um intuito: — fazer rir!,.. Paciência!... Que os senhores intelectuais, os poetas futuristas, as celebridades da literatura moderna vivam nos seus bródios de elogios mútuos, que eu ficarei aqui no meu obscurantismo, revivendo o passado, a conversar com os pobres diabos, como eu, e a desprezá-los com a minha ignorância, que não inveja a sabedoria desses magnatas, desses papagaios que olham com empáfia para um gaturamo e crocitam, querendo imitar os seus gorjeios.

Uma visita de Júlio Moura

Há dias, tive o prazer de receber a visita do meu amigo Júlio Moura, alto funcionário do Ministério da Viação. Esse moço, que possui uma grande cultura, e é dono de uma inteligência aprimorável, veio consultar-me se podia contar mais alguns fatos que se deram, entre ministros e o pessoal da repartição, fatos que eu mesmo ainda ignoro.

Que bela notícia dou aos leitores de "Vamos Ler!", dizendo-lhes que, em breve, vão se deliciar com a prosa cintilante desse belo talento, lendo mais uma palestra da sua pena sobre a minha boemia! Ao meu Júlio Moura, só tenho a responder: "Obrigado pelo prazer da visita e pelo prazer de brevemente apreciar mais uma tirada sobre o passado, bonita, como a primeira que escreveu nesta revista 'Vamos Ler!', que todos leem.

Bravos a Júlio Moura! Bravos a Júlio, que só não é um boêmio porque os seus afazeres não permitem que ele seja. Com essa segunda palestra sobre mim, vou saber de muitas 'catulices', quando 'exercia' o elevado cargo de "datilógrafo" das Musas — funcionário do Ministério, onde trabalhava. Mais uma vez: — parabéns aos leitores!

CAPÍTULO 18

A ORATÓRIA DE JOÃO RIPER

10 DE JUNHO DE 1913

A PALESTRA

de hoje ainda pertence ao orador da boemia, o célebre João Riper. É justo que ainda falemos desse homem singularíssimo. O leitor apreciou bem a sua oratória? Teria concordado com o que eu disse a seu respeito? Eis uma coisa que sempre me causou admiração: — o discurso de homem vulgar, o bestialógico de um homem de talento, feito com espírito e com arte, são suportados apenas por cinco minutos.

Os discursos de Riper eram ouvidos por tempo indeterminado, cada momento com mais agrado e atenção! Esse folião era tão disparatado em suas alocuções, por gracejo, pelo álcool ou por inconsciência? Por gracejo não era. Por ignorância, também não. Então por que era?!

Seria, talvez, por estar inconscientemente "consciente" dos seus "supremos dotes de orador"?! O que vos posso afirmar é que, com todos os seus destemperos, era ouvido. Pouco se lhe davam as palmas ou as gargalhadas! Nunca o vi perder o ar solene de sua fisionomia, a altivez de suas atitudes, as modulações da sua voz e a imponência tragicômica, quando orava. Aqui vai uma prova de que ele criava as suas imagens e se desnorteava nos surtos dos seus discursos, sem a menor intenção de provocar o riso.

No enterramento de seu filho, o Nhonhô, a quem amava perdidamente, fez esta despedida, numa crise de lágrimas. Reproduzo fielmente o que lhe ouvi nessa tarde dolorosa: "Meus amigos! O sentimento que me prospera a imaginação neste momento esquipático da morte, projeta-se nos antílogos da minha dor, para refrigerar-se nas auroras apocalípticas de Deus! Há dias tão belo, tão viçoso! Agora, deitado neste leito funeral, como um peru recheado que, em lugar de ser comido num banquete pelos convivas, vai ser devorado pelas simbólicas protogerâncias dos vermes!"

E foi por aí afora em seus disparates, num crescendo assustador! Pergunto aos leitores: é possível que um pai como João Riper, um dos corações mais piedosos que encontrei até hoje, possa gracejar diante de um quadro tão triste?! Não! Não! Não era por gracejo que o boêmio improvisava as suas orações de alegria ou de dor!

Vejamos outro caso interessante. Mário José de Almeida, poeta e jornalista, que todos conheciam, tinha um desejo enorme de conhecer Riper, de quem há muito lhe falavam. Uma noite, encontramo-lo na Rua do Ouvidor, em frente à Confeitaria Pascoal.

Nesse tempo a boemia já estava moribunda. Demóstenes andava doente. Não tinha mais aquela fisionomia fulgurante, aquele vigor arrebatado dos saudosos tempos das grandes farras. Achei-o meio triste. Apresentei-o a Mário. Quando eu lhe disse: "Mário, aqui está Riper, que você tanto desejava conhecer".

Mário ficou tão emocionado, como se eu lhe apresentasse, naquele momento, o próprio Demóstenes. Apertaram-se as mãos com profundo regozijo. "Vamos festejar este encontro com uma dosagem da boa pinga", disse eu, abraçando os dois. Riper baixou a fronte e suspirou: "Infelizmente não posso mais beber. Os médicos me proibiram!"

"Neste caso, tomaremos um café". "Café não serve!" "Então não falemos mais em bebida, pois devemos velar pela tua saúde!" "Não! Não é tanto como vocês pensam! Sempre me curei com a homeopatia e vocês sabem que essa medicina diz "Columbus máles pró máter, evéritas nimbus".

Este latinório, criação de Riper, era para ele o mesmo — "Similia, similibus curantur!" O homem queria beber naquele estado! Respirava com dificuldade! Notava-se-lhe o depauperamento da esclerose. Para disfarçar, perguntei-lhe: "Qual é o teu mal?" "É o coração?" "Sentes dor?" "Dor, propriamente, não!" "Que sentes, então?" "À noite, ele bate, bate e bate... mas não adianta nada!"

Aquele seu "não adianta nada" fez Mário perfilar-se, surpreso pela expressão do boêmio. Riper queria dizer: "Palpita, palpita, mas, afinal, as palpitações se normalizam". Mas modelou a frase a seu jeito, à feição da sua linguagem estrambótica. "Sabes qual a moléstia que te afeta esse órgão?" "Esqueci-me do nome, um nome meio complicado". "Vê se te lembras". "Só sei que é doença de padre!" Mário estremeceu! Teve vontade de rir, mas conteve-se. "Mas que moléstia é essa, seu Riper?" "É moléstia de padre, já te disse!" Escogitei e perguntei-lhe: "Não será insuficiência mitral?"

Riper, levantando os braços, exclamou: "É isto mesmo! Você acertou!" Fingindo energias que não tinha, gritou: "Vamos beber! Vamos festejar esse encontro! Mário é digno desta alegria! Diabo leve a tal doença dos padres! Vamos beber!"

Tivemos piedade do boêmio! Para que ele não fizesse "sacrifício", opinei: "Agora estamos com pressa. Temos um sério compromisso. Deixaremos para amanhã. Nós te procuraremos". Puxei pelo relógio e partimos, com um forte abraço no célebre orador. Andamos em silêncio, por alguns instantes.

Depois, Mário bateu-me no ombro e disse: "Não preciso mais de nada, para ficar conhecendo Riper. Você tem razão. O homem é extraordinário! Que pena não o ter conhecido nos áureos tempos das farras, dos pagodes, das serenatas, das folias do passado! Mas pelo dedo se conhece o gigante. Riper é uma figura excepcional! Parabéns, Catulo".

Numa véspera de Carnaval, eu e Edmar Vieira inventamos um grupo de amigos, que fariam parte de um cordão — "Urubus sem sorte" —, o qual, no dia seguinte, iria visitar vários jornais. Organizamos a coisa e Vieira levou a notícia às redações, avisando a nossa visita.

Havia no falso grupo porta-bandeira, chefe de pancadaria, presidente, secretário, tesoureiro, mestre de cerimônias, o diabo a quatro! O presidente era um alto funcionário, acérrimo inimigo das festas de Momo, a ponto de fugir para longe nos três dias dos folguedos.

Esse "presidente", como outros do cordão, sofreram de suas esposas! A do "presidente" dizia que ele era inimigo do Carnaval e, no entanto, andava metido em orgias com desordeiros e canalhas! Era por isso que fugia das festas, privando-a de vê-las! Por mais que o pobre homem se defendesse, ela não o atendia.

Muitos desconfiaram de nós. Mas nós mantivemos o "sério". Se eles descobrissem a verdade, cortariam até relações conosco. Todos se revoltaram, mas, ainda hoje, depois de tantos anos, não sabem se, de fato, fomos os criadores do tal grupo dos "Urubus sem sorte!"

Pois bem. Riper, que tinha sido designado para orador do cordão, já meio fantasiado e meio empilecado, apresentou-se em nossa casa, às seis horas da manhã, para tomar posse de seu cargo! Passam-se os tempos.

Como as festas tinham desaparecido e os boêmios já se haviam sumido de nós, fazendo a viagem eterna, raras vezes, raríssimas, me encontrava com o velho amigo. A enfermidade não consentia sair de casa, para espairecer as saudades.

Numa noite de Carnaval, encontrei-o encostado à parede de um botequim, na Avenida Rio Branco. Pálido, abatido, arquejante, trazia nas mãos um violão com três cordas. "Olé! Que fazes a estas horas no meio deste pandemônio carnavalesco?" Com visível tristeza, respondeu-me: "Estou me despedindo de Momo!"

Não sei bem o que senti, ao vê-lo tão desfigurado! Falava tão baixo que mal se ouvia a sua voz! Apoiou-se em mim, sorriu com amargura, e convidou-me! "Entremos naquele botequim e vamos saudar pela última vez o grande Momo, de tantas recordações!"

Com os olhos lacrimando, acrescentou: "Lá vai passando um cordão! Se não estivesse assim, tão enfraquecido, iria protogerar-me naquele grupo que ali vai, espalhando pelo sangue da noite as contubiruias do grande folgazão dos três dias de plena garra! Vamos beber!"

Que mágoa senti no coração, vendo o amigo velho, naquele estado, querendo ainda beber! Como o cordão se vinha aproximando, aproveitei a confusão e, chorando, fugi de Riper, sem que ele percebesse!

Passam-se os tempos. A moléstia aumentava dia a dia. Já pouco se levantava da cama. Na antevéspera de morrer, ouviu uma serenata, passando pela rua. Com todo o seu sofrimento, queria ir para a janela, aplaudir os músicos! Não foi possível! Ao erguer-se, fraquejou e caiu!

Pediu que abrissem as janelas de par em par. Bela noite de lua! Chamou um companheiro para perto de si e disse-lhe, baixinho: "Se o meu espírito deixasse agora mesmo este corpo quebrado, que a mim mesmo causa nojo, esta prisão de carne vil, este cárcere protelatório, eu seguiria esta serenata, e com a sua música divina, me despediria de vaias!" E emudeceu.

Só falou outra vez, antes poucas horas de morrer! Falou para pedir um prato de camarão com bananas, o seu prato predileto. Quis beber, mas não lhe fizeram esta última vontade! Era demais! Morreu sereno e com a fisionomia serena se conservou até fecharem o seu caixão!

Só eu falei à sua sepultura. Não me lembro do que disse. Penso que o meu discurso não tinha nexo. Foi um adeus sentido e breve. Mais tarde, contarei o caso de Riper num Centro Espírita, para onde nos levou um irmão da opa. Por ora, só vos direi isto: O presidente do Centro, assombrado pela "eloquência" de Demóstenes, Cícero, Éschino das farras, "encantado" pelo seu discurso, proferido no final da sessão, ao despedir-se do "orador", pediu-lhe, insistentemente, que continuasse a frequentar comigo, o poeta que ele tanto apreciava, as reuniões quinzenais daquele grêmio.

Remexendo na memória, farei uma síntese da memorável alocução que embasbacou o referido presidente! Os espiritistas e os materialistas terão assunto para calorosas discussões. Nesse discurso, Riper subiu às mais horripilantes, às mais assustadoras, às mais incompreensíveis tiradas da sua oratória!

Como explicar isto: "Com todos esses disparates, o presidente, homem culto e sério, convidou-o a frequentar aquela casa, onde se ouvia a voz misteriosa da morte!"

CAPÍTULO 13

SERENATA APEDREJADA
17 DE JUNHO DE 1913

EM 1884, havia uma casinha no Beco do Leandro, à rua da Real Grandeza, onde eu e mais quatro companheiros íamos cear todos os sábados. Morava ali o cozinheiro de uma grande casa importadora, de nome Aleixo.

Aleixo era casado e tinha uma filha de 16 anos. Era fanático pelo "choro". Depois da esplêndida ceia, tocávamos até as 2 horas da madrugada, para, depois dessa hora, sairmos em serenata pela rua afora, até chegarmos à esquina da rua General Poliduro, onde nos separávamos.

Quando éramos incomodados por algum rondante, procurávamos outro lugar para continuarmos o nosso "choro". O grupo era composto de uma flauta, um cavaquinho, dois violões e um oficleide. Quatro batutas de primeira categoria.

Estando eu um dia em casa de uma família conhecida, ouvi uma mocinha de 18 anos elogiando as serenatas que ouvia todos os sábados, passando por sua porta. Dizendo-lhe a dona da casa que eraa eu um dos serenateiros, apertou-me a mão, pedindo que fizesse aquele "choro" todas as noites, se possível.

A sua residência ficava pouco distante da casinha do velho Aleixo — o mestre Cuca. Para ela, a flauta, o violão e o cavaquinho, gemendo por alta noite, eram os mais belos instrumentos da sua predileção. Achava que o violino era mais gemedor, mas a flauta lhe parecia mais saudosa.

Essa mocinha revelava uma ingenuidade encantadora. Bonita, bem falante, bem educada, cativou-me com a sua simplicidade. Estudava piano e violino, para fazer a vontade do pai, velho maestro aposentado. Tratei-a como se fosse minha irmã. Para poder retirar-me, tive de empenhar a minha palavra de honra, afirmando-lhe que, todos os sábados, viríamos acordá-la, ao som dos nossos instrumentos. Assim fizemos.

Saíamos da casa do Aleixo tocando sempre, até chegarmos, pela calçada oposta, à sua residência. Aí, gemíamos um novo "choro", para depois seguirmos a nossa passeata de seresteiros habituais. Os meus companheiros tinham prazer de tocar para a mocinha, sem que a conhecessem, só pelas referências que lhes fiz da sua bondade e da sua candura.

Três sábados depois do encontro na casa da família conhecida de ambos, quando tocávamos em frente à sua janela, de volta da choupana do Aleixo, recebemos uma pedra, varejada da mesma janela, pedra que, se alcançasse um de nós, poderia ter produzido até a morte!

Os companheiros, indignados, queriam varejá-la ao mesmo lugar de onde partiu, já revoltados contra mim, por ser o culpado daquela brutalidade. Opus-me a tal procedimento, dizendo-lhes o seguinte: "Vocês têm razão! Eu sou, por inocência, um criminoso. Mas vocês, meus amigos, me perdoarão!

Quem teria sido o atirador da pedra, o miserável selvagem? Como não estará sentida a mocinha, com esse procedimento bárbaro do seu pai, talvez?! Meus amigos, espero receber de todos vocês esta prova de amizade! Ei-la.

Vou dirigir-lhe daqui algumas palavras de agradecimento a esse canalha e, logo depois, seguiremos tocando, saudando a lua, que acaba de surgir, exigindo a nossa homenagem! Atenção!"

Dizendo estas palavras, gritei para o canalhocrata: "Para o miserável que joga uma pedra, procurando ferir ou matar os trovadores que vinham musicar o seu sono, nestas horas tranquilas, nós, perdoando-lhe essa estupidez, vamos oferecer-lhe este 'choro', como se oferecêssemos uma flor a um animal que nos tivesse dado um coice!" Dito isto, bradei para os amigos: "Choremos!" E seguimos na serenata, até bem longe, onde nos despedimos, sem mais comentários.

No sábado seguinte, passamos a tocar pela casa do estúpido maestro e paramos bem em frente à porta. Tomei um trago e cantei uma modinha, a primeira que compus! A pedrada não se repetiu! Soubemos, mais tarde, pela família conhecida, que o velho tentara jogar-me um balde d'água, mas que, afinal, resolvera não cometer aquele insulto ao pobre trovador!

Fechou a janela e ficou escondido a ouvir a modinha! Soube também que a mocinha, abalada por aquela estupidez do velho, a pedrada, havia adoecido. No outro sábado não podemos fazer a serenata, por estarem enfermos dois dos nossos companheiros. A enfermidade prolongou-se e passaram-se três sábados, sem que a noite, a lua e as estrelas ouvissem a nossa música.

Quando, todos já restaurados, chegamos à casa de Aleixo, para recomeçarmos as nossas tocatas, recebemos uma notícia que nos acabrunhou! Os companheiros choraram e eu chorei com eles! A mocinha, segundo nos disse Aleixo, falecera naquele dia, às duas horas da tarde.

Vacilei em acreditar. Mas Aleixo, também com os olhos molhados, me disse: "Se não acredita, passe por lá agora e verá o caixão na sala, ladeado por seis velas, como vi há pouco!" Todos emudecemos por largo tempo. Aleixo guardou os nossos instrumentos e nós ficamos a conversar, até a hora da ceia.

Ninguém ceou. O pesar era de todos nós! Às duas horas da madrugada, comuniquei aos amigos e ao velho Aleixo: "Vou fazer uma visita ao cadáver dessa mocinha! Entrarei e, se tiver oportunidade, darei pêsames ao velho maestro, o pai da falecida".

Reprovação de todos! Todos diziam temer um desacato do homem da pedrada, se soubesse quem era eu. Mas não me dei por vencido, despedi-me dos amigos e do bom cozinheiro e dirigi-me para a casa funerária.

Subi as escadas e entrei na sala, conservei-me em silêncio alguns minutos à cabeceira do corpo da mocinha e, depois, dirigi-me ao velho maestro, que estava sentado em uma cadeira de braços, a soluçar. Cumprimentei-o respeitosamente, dizendo-lhe que desejava falar-lhe em particular em lugar onde não fosse ouvido por ninguém, a não ser ele.

Levantou-se meio desconfiado e levou-me para uma varanda, junto à escada do quintal. Chorando sempre, sentou-se em um banco, pedindo que eu me sentasse ao seu lado. Pedindo-lhe licença para fumar um cigarro, comecei a falar. Contei-lhe porque passávamos por ali todos os sábados, em serenata.

Íamos cear com o velho cozinheiro, homem probo, chefe de família a quem muito prezávamos. Contei-lhe como conheci a sua filhinha, na casa de um seu vizinho, de Dr. Viriato, muito amigo meu e de meu pai. Contei-lhe o pedido que ela me fez e, finalmente, contei-lhe a admiração que fiquei tendo por aquela moça, a ponto de dedicar-lhe uma tal afeição, como se ela fosse minha irmã!

Disse-lhe quem eu era e quem eram os meus companheiros de seresta. Eu, professor e eles, estudantes. Quando lhe falei na serenata e na célebre pedrada, o homem atirou-se aos meus braços, sufocado em soluços!

Abracei-me com ele e roguei por Deus que se esquecesse para sempre daquele ato impensado, já por nós inteiramente esquecido. Eu estava ali, não para relembrá-lo, mas, sim, para trazer-lhe as minhas condolências pelo golpe fatal que o destino lhe vibrara.

Consolando-o, tomei parte no velório, até o amanhecer. Na hora do enterramento, lá estava no cemitério, ao seu lado. O pobre pai tinha o rosto inchado de tanto chorar! Quando o corpo ia baixando à sepultura, agarrou nas minhas mãos e exclamou: "Tenha piedade de mim e perdoe-me!"

Não me contive: chorei com ele! E foi chorando que o levei até a sua casa. Deixei-o à porta, e, por mais que me convidasse para entrar, não entrei. Fui à missa, mas, depois da missa, não mais o procurei.

No sábado seguinte, todos estávamos reunidos em casa do Aleixo, para cearmos e darmos seguimento às nossas tocatas. Todos já sabiam do meu procedimento e todos elogiavam-me. Perguntando-me Aleixo se continuaria a visitar o pai da falecida, disse-lhe que não. Esperaria que se passasse um mês depois da morte da filha, para fazer uma surpresa ao velho, surpresa que ninguém podia adivinhar!

Por mais que quisessem saber, não lhes disse nada. Só saberiam na noite reservada para o ato. Só adiantaria uma coisa: todos os companheiros tomariam parte e o próprio Aleixo, se quisesse.

Pois bem. Corre o tempo e chega a noite escolhida para apresentar as últimas condolências ao velho inconsolável. Era um sábado. Depois da ceia costumada, às duas horas da madrugada, pedi aos amigos que empunhassem os seus instrumentos e me acompanhassem até a porta do velho maestro.

"Para quê?", me perguntaram. "Para uma serenata!", respondi. "Uma serenata?!" "Sim, senhores! Uma serenata!" "Você está doido, Catulo?!" "Não! Não estou doido. Quero dar as minhas despedidas ao velho, recordando aquela noite que vocês bem sabem qual é, e, com este 'choro', cantar uma modinha sob a sua janela, modinha que será a missa de mês rezada por mim — o sacerdote das serenatas , por alma da sua filha, que tanto me impressionou pela sua angelitude! Aceitam o meu convite? Se não aceitam, irei só".

Todos concordaram, salvo Aleixo. "Então, você não vai!", ponderei-lhe. "Eu quero ir e irei se levar uma coisa comigo". "Pode levar o que você quiser". "Levarei a minha Santa Luzia, a que você vê naquela oratório".

"Bem acertado. Enquanto eu cantar, você, venerando a sua imagem, pedirá que ela peça a Deus pela salvação de sua alma!" Tudo resolvido, partimos em silêncio, em direção à casa do velho maestro. Ao chegarmos, rompeu o "choro"! E após o "choro", cantei a modinha.

Ouve-se um volver de chave na fechadura e aparece o velho! Não compreendia bem a minha "filosofia". Mas eu expliquei-lhe a solenidade da minha serenata, crente como estava de que a alma inocente de sua querida filha ali se achava, agradecendo aquela manifestação, pois que, pela última vez, descia do céu, a sua morada, para nos ouvir naquele "choro", que era a prece que nós fazíamos a Deus pelo descanso eterno de sua alma.

O homem, que me ouvia espantado, desabalou num pranto convulsivo e nós, sem mais uma palavra, recomeçamos outro "choro", deixando-o sentado num degrau da escada, lavando-se em lágrimas, mas, ao mesmo tempo, consolado, resignado e confortado pelo ineditismo daquele adeus e daquela gratidão dos trovadores, pagando-lhe aquela pedrada que lhes poderia ter sido fatal com aquele chuveiro sonoro de "pedras preciosas", derramadas do escrínio dos nossos corações de farristas, de vagabundos, de seresteiros, de boêmios e de sacerdotes das saudosas noites de luar!

Nunca mais apareci ao velho maestro, que, por muito tempo, ainda me procurou, para continuar a pedir-me perdão pelo seu crime, que, mais tarde, inspirou-me uma poesia, publicada em um jornalzinho de estudantes, com o nome de *Serenata Apedrejada*.

Nota

Ao leitor desta revista, que me escreveu uma carta, pedindo que lhe enviasse pelo correio a poesia "O orgulho do burro", publicada num dos meus livros, cuja edição de há muito se esgotou, por ter perdido o envelope, onde estavam o seu nome e o seu endereço, aqui lh'a envio, por intermédio de "Vamos Ler!":

O orgulho do burro (depois de uma leitura)

Tendo pintado D. Francisco Goya
Um burro, pertencente a sua tia,
Pintou-o com tamanha maestria,
Que o quadro burrical era uma joia.

Um célebre amador, famoso e rico,
Vinte contos de réis por ele dava,
Mas o grande pintor necessitava
Desse estudo perfeito do burrico,
E, por isto, a vendê-lo se negava.

Mas, afinal, o burro ouvindo um dia
O amador e o pintor fechar o trato,
Exclamou, relinchando de alegria:
"Se tal quantia dá por meu retrato,
Por mim, que sou o burro original,
Que colossal tesouro não daria!"

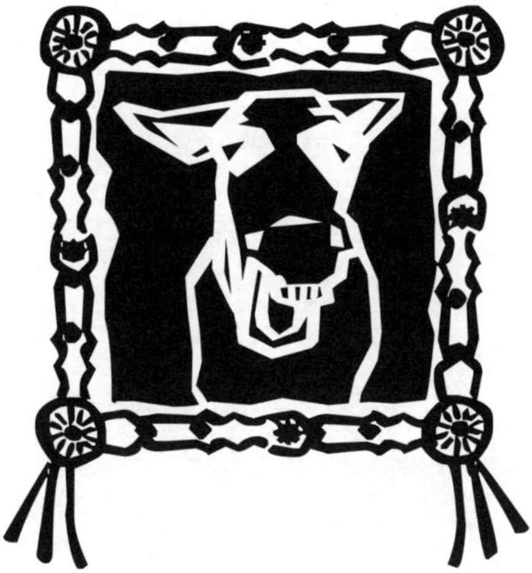

CAPÍTULO 20

LENDAS E CARTAS RECEBIDAS

21 DE JUNHO DE 1943

SÃO muitas as lendas que se inventam a respeito de tipos populares como eu. Um cearense contou-me isto que ouviu de seus conterrâneos, no Crato: eu estava no terreiro de uma fazenda, em dia de festa, rodeado de companheiros. Era noite de luar. Cada um, encantado pela beleza da noite, elogiava o luar de sua terra.

Depois de todos falarem, eu fitei o astro da noite, pedi um violão e, num instante, comecei a cantar: "Não há, oh, gente, ó, não, luar como esse do sertão!" Que bela mentira! Em todo caso, é uma invenção que me engrandece.

Um sergipano contou-me esta outra história, sobre a origem da minha modinha "O talento e a formosura": eu estava numa festa, onde fui tirar uma moça para uma quadrilha. A moça negou-se a dançar comigo, dizendo-me não gostar de dançar com poetas. Fiquei indignado. Desapareci. E, no fim de meia hora, surgi na sala, fitei a moça, e cantei aquela modinha, improvisada, em tão poucos minutos!

Que bela mentira! Outra lenda mentirosa, mas muito bonita para mim. Essa modinha talvez tenha sido inspirada em outra muito antiga: "O poeta e a fidalga", do Dr. Segundo Wanderley, médico ilustre e sublime poeta, tio do sempre aplaudido teatrólogo José Wanderley, que lhe herdou o talento, a nobreza e a bondade.

Dr. Arthur Neiva, grande cientista, numa tarde em que me visitou e jantou comigo, no barracão em que eu morava, na Rua Francisca Meyer n.º 35, trazido pelo grande Monteiro Lobato, o glorioso autor de "Urupês", também me falou sobre outra lenda que lhe haviam contado. Esta é de arromba!

Tinha eu 10 anos. Na ocasião em que ia receber uma sova de meu pai, supliquei que não me batesse, porque eu ia ser um grande poeta! Meu pai depôs a vara de marmelo e disse: "não te castigarei, se pedires perdão em verso". Pois bem. Produzi um tal improviso, que meu pai acabou chorando, abraçado comigo!

Esta é a melhor de todas. Não se poderia criar uma mentira tão elogiosa para mim! Como estas linhas dão valor a um pobre diabo, como eu! Medeiros e Albuquerque, em suas "Memórias", narra o seguinte: vindo eu e Alberto de Oliveira num mesmo bonde, eu gritei, ao vê-lo: "Como vai você, colega?!" Alberto, espantado com aquele "colega", perguntou-me, em voz alta: "Você também é farmacêutico?"

Percebeu o leitor? Alberto ficou indignado quando leu essa bobagem nas "Memórias" do grande jornalista. Eu ri-me a valer, pois ninguém me admirava mais do que o cantor da Paraíba. O seu irmão, que, felizmente, ainda vive, dirá ao leitor quanto Alberto me apreciava, ou, antes, me adorava. Esse irmão é o major Bernardo de Oliveira.

Alberto era diplomado em farmácia. Podia ser meu colega como fazedor de pílulas, mas não como poeta.

Outra de Medeiros. Uma noite fui recitar em casa de Ruy Barbosa. Ruy gostou tanto das minhas frioleiras, que prefaciou um dos meus livros, fazendo também uma referenda a mim, no discurso que proferiu em São Paulo, paraninfando a turma dos estudantes de Direito. Medeiros disso que o grande tribuno tinha feito aquilo tudo com pena de mim!!

Esta vai sem comentários, por ser demais infantil. E fiquemos por aqui, quanto às lendas, inventadas sobre a minha curta personalidade. Quantas outras saberão os leitores, ignoradas por mim?

Já tenho recebido mais de dez cartas, perguntando-me se eu não exagerei naquela história do beijo da festa de Porto das Caixas. Direi apenas que deixei de dizer muitas coisas que devia ter dito. Desgraçadamente, não sei de um só que ainda viva, para pedir-lhe a confirmação.

Há de viver alguém, mas não sei por onde anda. Em todo caso, vou contar um episódio, passado há uns 18 anos, em casa do meu distinto amigo, o notável pintor Oswaldo Teixeira, diretor do Museu de Belas Artes.

Passou-se entre mim, ele e os poetas Pádua de Almeida e Mário de Almeida. Estávamos apreciando os seus belos quadros, quando vimos entrar pela porta adentro uma moça de raríssima formosura, ricamente vestida, trazendo pela mão um menino de uns dez anos, seu irmão.

Afastamo-nos os três, para um canto do sofá, a fim de deixá-la à vontade, pois vinha admirar as obras-primas do ilustre pintor. Depois de alguns minutos, dirigiu-se ao artista, com estas palavras: "Não demoro mais, como era meu desejo, porque meus pais estão me esperando para jantar. Virei outra vez para, com vagar, deliciar-me, contemplando as suas maravilhas. Acabo de vir de um cinema, onde muito me agradou uma serenata de trovadores brasileiros".

Oswaldo, apontando-me, perguntou-lhe: "Gosta de violão e das modinhas? Sabe a senhorita quem é aquele que está ali? É Catulo Cearense!" A moça olhou-me com admiração e, sem mais, exclamou: "Catulo, Meu Catulo! Consente beijar-te!"

Pespegou-me um beijo tão forte, que repercutiu por toda a sala, prostrando de inveja o mestre Oswaldo, o poeta Pádua de Almeida e o jornalista Mário José! Aí ficam três testemunhas de supremo valor e que, por felicidade, vivem ainda.

Prometo não falar mais em beijos, porque se fosse recordar outros fatos, cansaria o leitor e a mim próprio. Com esta, findaram os beijos.

Tito Schippa

Foi Guimarães Martins quem, a seu pedido, apresentou-me ao célebre tenor, no Teatro Municipal. O artista deixou-me, pelo seu trato afável, uma impressão imorredoura. Manifestou-se entusiasta do meu "Luar do sertão".

Pediu-me uma cópia, corrigida por mim, para cantá-lo em toda parte, onde desse concertos populares. Aqui, cantou no Municipal, no Teatro João Caetano e na Rádio Mayrink Veiga.

Quando ofereceu-me o seu retrato, com uma bela dedicatória, retrato que conservo em minha sala, ao lado do meu amigo, o tenor Bernadino Gigli, que me brindou também com outra linda dedicatória, prometendo-lhe escrever uma poesia, agradecendo-lhe a honra de ter soluçado na sua divina garganta o meu tão querido "Luar do sertão".

Esta poesia que ele levou consigo e foi recitada por um ilustre locutor da Mayrink Veiga, é agora publicada em "Vamos Ler!", para que o meu agradecimento ao divino tenor seja conhecido por todos. São versos simples, feitos na mesma tarde em que o conheci. Devo, pois, a Guimarães Martins as horas que passei ao lado desse rouxinol, incarnado em cantor lírico.

Aí têm os leitores os versos dedicados ao excelso artista, recitados, como disse, pelo locutor da Mayrink Veiga, antes do tenor cantar, na noite de 16 de novembro de 1941. Ei-los:

A Tito Schippa

Divo Cantor! O meu "Luar" plangente,
gorgeando em teus gorgeios de sereia,
não é luar de minguante nem crescente!
É luar do sertão, de lua cheia,

Quem sentir uma vez, maravilhado,
essa modinha, em tua voz gemer,
ficará, como eu fico, enluarado,
e nunca mais quer ver o sol nascer!

Como seria belo ouvir-te, um dia,
cantar essa modinha, em teu violão,
quando a lua, por sobre a serrania,
surgisse lá no céu do meu sertão.

Canta por toda parte a claridade
das nossas noites límpidas de lua,
e seja este meu canto uma saudade,
que levas do Brasil à Itália tua!

Recebido por todos os tenores,
que esperando por ti nos céus estão,
quando, daqui da terra, tu te fores,
entra no céu, cantando essa canção,

Santinelli, De Marchi, Tamberlik,
Cardinalli, Gayarre, Gabrielesco,
o divino Caruso, anjo do canto,
Didur, Tamagno, o trovador dantesco,
essas gargantas de cristal e de ouro,
todas virão, cantando, receber-te,
ao "Luar do sertão", fazendo coro.

Quando, há pouco, na voz cristalizavas,
num tom celestial, ledo e tristonho,
estes versos que a lua me inspirou,
eu pensei que cantavas o teu sonho
no ouvido de Manon, a dor do sonho,
que Massenet, sonhando, musicou.

Assim, em recompensa e gratidão
pelo teu gesto airoso e senhoril,
peço a Deus, por ser esse o meu desejo,
que recebas um beijo sertanejo
da mais linda cabocla do Brasil.

Nota

Ao Sr. Oscar Peixoto de Barros, funcionário dos Correios, prometo satisfazer o pedido que me fez em carta, para que eu escreva uma palestra, comparando as festas de Santo Antônio, de São João e de São Pedro, as festas de hoje, com as de meu tempo, que não alcançou, por não passar dos 34 anos.

É natural que elas só sejam conhecidas pelos velhos, como eu. Sr. Peixoto adivinhou meu pensamento. Há muito que projeto essa comparação. Não falarei como um velho saudoso. A minha análise será de um observador imparcial. Espere mais um pouco, que o seu pedido será satisfeito, por intermédio de "Vamos Ler!"

CAPÍTULO 21

FIDELQUINO CAMARGO, UM DOS CINCO BOÊMIOS QUE FALAREI EM OUTRAS CRONIQUETAS

1º DE JULHO DE 1913

Os moços de hoje não conheceram os boêmios de meu tempo. Entre os intelectuais, apontamos [Olavo] Bilac, Guimarães Passos, o famoso Paula Ney, Pardal Mallet, Emílio de Menezes, Figueiredo Coimbra, B. Lopes, Raul Braga, Luiz Murat, Coelho Netto, todos falecidos, excetuando Bastos Tigre, aposentado da boemia há muito tempo.

Todos eles já tiveram seus historiadores em Luiz Edmundo e no próprio Coelho Netto, o príncipe dos prosadores. Os outros, os de esfera menos intelectual, passaram e ficaram esquecidos. Ninguém se lembra mais deles, a não ser os que ainda vivem da geração extinta.

No entanto, há muita coisa digna de ser relembrada na existência desse pessoal da "arrelia". Tratemos, em primeiro lugar, de Fidelquino Camargo. Era empregado na Alfândega. Tocava cavaquinho e violão. Trabalhava no armazém nove. Era assíduo no trabalho, mas quando chegava na repartição, já estava meio cá meio lá pelas constantes "beberricadas".

Era raro passar um quarto de hora sem consultar uma garrafa da "mulata" cor de ouro. Comia muito pouco! Dormia quase nada. Quando não havia um pagode para a noite, levava a palestrar com os amigos até alta madrugada, quando ia descansar apenas umas duas horas, pois levantava-se às 5h30 da manhã, acontecesse o que acontecesse!

Fidelquino era o homem das contradições. Era ateu incorrigível! Blasfemava de Deus por qualquer coisa! Dizia mal dos santos, mas tinha em seu quarto um oratório cheio deles! Era devoto de Santo Onofre. Esse santo merecia-lhe tudo. Fora feito por ele mesmo de pau brasil, do nosso compatriota. Fidelquino era poeta, pois dizia que o santo estava bento. "Como?", lhe perguntei. E ele me respondeu: "Quando o fiz, benzi-o logo com as águas sacrossantas das minhas lágrimas!" Achei a sua resposta esquisita, mas, eminentemente poética! Fiz-lhe mais esta pergunta: "Mas tu choras?" Respondeu-me: "Choro... de alegria. O sofrimento não me abala! Já me acostumei com ele!"

Pois bem. Recordemos algumas façanhas desse homem singularíssimo. Um belo dia, apareceu-me muito cedo e convidou-me para cear com ele, em seu aniversário. Às 8 horas, lá chegava eu em casa do original Fidelquino. Havia umas 30 pessoas.

Fazia anos no mesmo dia em que festejava o seu devoto — Santo Onofre. A bebedeira era geral. Parecia uma casa de doidos. Tomando parte naquela pândega colossal, parece até que o santo manifestava sinais de satisfação, de contentamento alcoólico.

O santo estava coberto de folhas, tendo ao lado um litro de cachaça e um copo de barro, para torná-la mais fresca, pois a noite era quente demais. Ao chegar à sua casa, vi o Fidelquino, furioso, a puxar os cabelos, brigando com o seu companheiro que fora fazer as compras para a ceia da noite.

Deblaterava, desesperado, porque o seu companheiro tinha comprado 500 réis de queijo e 300 réis de pães! Para que aquilo tudo, quando se trouxera oito litros de Parati?! Só se acalmou por lhe ter pedido que não se contrariasse num dia, ou antes, numa noite de tamanho regozijo.

Tudo correu na maior animação imaginável. A festa, porém, terminou num desastre! Quando os devotos faziam uma prece ao valente Santo Onofre, a chama de uma vela provocou um incêndio em todo o altar! Quase tudo foi devorado, excetuando a imagem, que nada sofreu.

Enquanto o altar pegava fogo, os pares dançavam e o "choro" continuava tocando, como se nada tivesse acontecido! Fidelquino, dificilmente se sustentando em pé, dava vivas ao santo, dizendo que o fogo purificava as almas pecaminosas. A primeira coisa que fez no começo do incêndio foi salvar a garrafa e o copo, deixando que Santo Onofre se livrasse a si mesmo, pois era santo!

Se pegasse fogo, perderia a sua devoção. E, assim, com aquele batismo sensacional, findou a festa de Fidelquino, ao romper da manhã. A ceia constou de 14 litros de Parati, 500 réis de queijo e 300 réis de pães que, naquele tempo, era muita coisa para um banquete de cachaceiros. Às 8 horas da manhã desse mesmo dia, Fidelquino estava assinando o ponto na sua repartição, firme no seu posto de honra.

Narremos mais outro caso, não menos interessante. Um dia, João dos Santos foi buscá-lo em casa, para ouvir uma missa que mandava dizer por alma de um seu irmão. Saíram juntos. Ao entrar na igreja, Fidelquino viu um pobre homem, prostrado no chão, vítima de um ataque.

João dos Santos entrou e ele foi socorrer o mendigo. Verificou não se tratar de moléstia. A moléstia era fome! Levantou o homem, encostou-o à parede e foi buscar um pedaço de queijo e pão. Acabada a missa e sendo encontrado por João dos Santos na porta da igreja, consolando o pobre, foi por aquele censurado por não ter assistido à cerimônia religiosa.

A resposta que lhe deu foi esta: "João, enquanto você ouvia uma missa lá dentro, eu dizia outra cá fora. A minha presença era mais necessária ao pobre do que a Deus, no altar-mor". Dito isso, não deixou ninguém sair da igreja, sem deixar uma espórtula no chapéu do pobre faminto. O mais engraçado é que, depois de tudo, queria que o velho fosse na venda da esquina tomar um trago com ele, para ficar inteiramente curado!

De uma feita, perguntando-lhe se acreditava na existência de alma, respondeu-me: "Se a alma é imortal e se no outro mundo não há onde se beber o delicioso Parati, não me interessa a imortalidade da alma!"

Perguntando-lhe ainda por que era ateu e se achava possível a existência de Deus, pôs-me a mão sobre o ombro e sentenciou: "Porque Deus é o gênio dos contrastes. Hoje dá-nos uma noite de luar, amanhã nos oferece uma noite de tempestade. Se nos desse sempre uma noite de luar, não era um gênio divino! Era um gênio vulgar!"

Fidelquino não comia um quilo de carne fresca ou seca durante uma semana. Seu alimento predileto era feijão branco e batatas cozidas. Não tomava café, nem mate, nem chá. Sem exageração, bebia um litro de cachaça por dia.

Nunca vi esse homem fora do juízo. Trocando pernas o vi muitas vezes; inconsciente, nunca. Era delicado para com todos. Era de uma valentia inaudita, mas incapaz de ofender uma criança. A sua força estava sempre ao lado dos fracos.

Uma ocasião vi-o brigar com quatro homens e vencê-los, por uma questão de honra. Para mostrar aos leitores como esse boêmio era original, dir-lhes-ei que o vi alta noite cantando na rua, sob a janela de uma moça, sua namorada, enquanto roncavam trovões assustadores e fuzilavam sanguinolentos coriscos! Uma serenata numa ameaçadora tempestade!

E basta, para guardar lugar aos outros, de quem hei de falar noutras palestras. Temos mais quatro, cada qual mais estourado! Satyro Bilhar, João Riper, André Pinho e o "Morcego", como era chamado Amaral dos Correios, o carnavalesco sem igual.

Preparem-se os leitores para rir e pasmar, diante de tanto ineditismo. Todos estão mortos. "Morcego" faleceu há uns seis anos. Todos se foram, deixando dolorosas saudades. Eu adorava asses homens por serem bons. Nunca tive por companheiro um cidadão que não fosse bom chefe de família, bom trabalhador e de caráter ilibado.

Do resto pouco me importava. Podia ser analfabeto. Desde que fosse um sentimental, mereceria a minha amizade. Prezo mais o sentimento do que a instrução, a cultura. Tenho visto muitos homens cultos verdadeiros selvagens.

Dizem que Hugo e Gautier odiavam a música! Não creio! Mas se isso era verdade, não quisera vê-los! Mas, deixemos de tagarelice e vamos contar mais dois casos do nosso Fidelquino Camargo, o herói destas linhas.

Num terceiro dia de carnaval, pela tardinha, o nosso herói agonizava, vencido por uma grave enfermidade hepática. Rodeavam o seu leito umas doze pessoas de sua intimidade. Lá fora, os cachaceiros palestravam. Lia-se na fisionomia dos que lhe cercavam o leito profundo sentimento, imenso pesar.

Havia até olhos que se marejavam de lágrimas. Ele olhava para todos com um disfarçado sorriso de dor! De repente, ouve-se um barulho de máscaras. Era um cordão que vinha passando, ao som de uma música alegríssima.

Todos correram pare a porta da rua, ficando somente eu, Ferreira Capellani, o Neco, seus velhos amigos. Nós ficamos indignados com aquele procedimento dos fugitivos, mas Fidelquino ria-se, embora gemendo de dores.

Disse-nos que achava aquilo natural. E, virando-se para Neco e para mim, pediu-nos o seguinte favor: "Vocês querem provar que são meus sinceros amigos?" "Pede o que quiseres. Nós te satisfaremos".

"Pois bem. Amanhã ou quando eu estiver teso no meu caixão, no meio daquela sala, ladeado por quatro velas de meia pataca, na ocasião em que, inesperadamente, me sentar na beira do caixão e fitar todo esse pessoal que me abandonou para ir ver passar os carnavalescos, vocês me arranjarão uma penca de bananas, para, com todo o ímpeto e com gestos solenes, de braços eretos, oferecer uma dessas frutas a cada um desses pândegos que me deixaram com vocês dois, para ir ver esses máscaras, que vão passando. Depois, me deitarei outra vez no meu leito funeral, para dormir o sono da eternidade, sonhando com as nossas belas farras".

Terminado o pedido, soltou uma gargalhada e foi preciso que nós lhe déssemos uma afomentação, a fim de aliviar dores provocadas pelo riso.

Agora, vamos à última, que é monumental. Quinze dias depois daquele terceiro dia de Carnaval, sempre se mostrando gaiato nos seus padecimentos, o nosso herói faleceu na madrugada de um domingo.

Não lhe assisti à morte, mas disseram-me que foi serena e tranquila. Comeu angu e bebeu um trago de conhaque uma hora antes de fechar os lábios para sempre. O enterro teve um acompanhamento imprevisto. Eu e Capellani, o Neco, íamos num dos primeiros carros do acompanhamento.

Quando o coche varava o portão do cemitério, passava nesse momento um caminhão, carregado de garrafas de cerveja. Com susto de todos, ouviu-se um estouro, que assustou os animais! Era uma garrafa de cerveja que havia rebentado, uma só, que mais parecia uma dúzia delas! Neco, pálido, olhou-me e exclamou: "Nem depois de morto!"

Na ocasião do sepultamento, falaram vários oradores: José Bandeira Brandão, Manoel Ferreira Capellani, o Neco, Henrique Perez Machado, Idomeneu Reis, maestro Jupiaçara e o tenente José Tibúrcio Gonçalves Camaz, que não pôde concluir o seu discurso "hiperparadoxal", por ter sofrido uma crise de choro convulsivo, que a todos comoveu.

Falou, por último, o presidente do "Ameno Resedá", Maximiano Martins, conhecido na intimidade por "Sinhô Velho". Esse último orador fechou a sua oração funérea, dizendo que aquele estouro das garrafas, quando o coche entrava no cemitério, foi descarga do exército de Santo Onofre, rendendo a última homenagem ao grande general, ao generalíssimo Fidelquino Camargo.

CAPÍTULO 22

CIÊNCIA, ORGULHO, IGNORÂNCIA, MISTÉRIO, POESIA E SAUDADE

22 DE JULHO DE 1913

O MEU velho amigo Idomeneu Reis, morador à rua Dr. Bulhões, no Engenho de Dentro, procurou-me para lembrar-me um episódio do velho Aurélio, morador de Cordeiros, em Niterói, no sítio da Glória, de que era proprietário. Achei que o assunto era magnífico para uma palestra.

    Palpita-me que os leitores irão ficar satisfeitos, conhecendo um pequeno trecho da vida desse honrado fazendeiro. Era muito considerado pelas suas virtudes a pelo seu coração caridoso.

    Era quase analfabeto, mas inteligente, tendo mesmo um certo quê de poeta. Os dias de Ano Bom, Santo Antônio, São João, São Pedro e Natal eram dias pomposamente festejados em sua fazenda.

    Era casado e o seu filho mais velho vivia separado dele, pois, desde os 15 anos, estava no Rio, em companhia de seu padrinho, a quem o fazendeiro o entregara, desde essa idade, para dele fazer um médico, segundo seu desejo, isto é, desejo do dito padrinho.

    Imaginemos que o estudante já atingiu o seu quarto ano de medicina. De tempos em tempos, vinha ele, nas férias, visitar seu pai, que estava cheio de satisfação por ter, muito em breve, um filho médico.

A princípio, o velho fazendeiro opôs-se a que o rapaz estudasse medicina. Preferira vê-lo um agricultor, um industrial, um negociante, mas às exigências do compadre, entregou-lhe aquele pedaço de seu coração.

Imaginemos também, para não alongar esta história, que o Sr. doutor Aurélio formou-se hoje. Sendo assim, amanhã embarcará para Cordeiros, a fim de apresentar-se a seu pai e tomar parte na festa que o velho oferece a todos os seus amigos, festa em homenagem à sua formatura.

Não é fácil descrever a suntuosidade simples desse festival. A alegria não mata, porque se ela matasse, o fazendeiro teria morrido naquela noite, em que apresentou o seu filho a todos os convidados e à gente do lugar. O casarão da fazenda era um verdadeiro formigueiro de gente!

Estava todo iluminado. Flores e palmas por todos os recantos. A banda de música da cidade vestia um belo fardamento, oferecido pelo velho! Numerosos carros de boi conduziam convidados, vindos de grande distância. Foguetes, pistolas, fogos de vista, pois a festa foi numa véspera de São João, o santo de devoção do velho Aurélio.

Fogueiras por todos os caminhos! Mesas de comedorias e bebedorias em derredor do casarão. Arcos de folhas, bandeiras e até um piano, o velho alugou para um "concerto". Eu e Idomeneu tomamos parte com os nossos violões a as nossas modinhas.

Na festança havia muita gente bem vestida, muita cabocla bonita, muita mulher da cidade, mas, também, muito roceiro de pé no chão. Zé Aurélio era homem que não olhava pare essas coisas. Era homem para fazer isto: em certos dias chamava a gente pobre do lugar para lhe oferecer pão e outros mantimentos de primeira necessidade.

Um sino grande, badalando, anunciava a hora dessa distribuição. Fazia tudo pela pobreza, e fazia sem estardalhaços. Lembro-me bem do seu físico. Altura normal, cheio do corpo, nariz pontiagudo, cabelos grisalhos, andar desembaraçado, com os seus 85 anos, meio feio, mas extremamente simpático.

Era alegre, folgasão e apreciador dos músicos da roça: tocadores de violas, de violão, de cavaquinho e de harmônica. Fazia também seus improvisos em versos de pé quebrado, como se costuma dizer.

O que, porém, mais se salientava nesse bom velho, eram os seus olhos rasgados vivos, tal qual os olhos de um caboré. Mas... reatemos a descrição da festa. Estamos ouvindo a barulhada do falatório, dos elogios ao seu doutor, que, de dois em dois minutos, era apresentado pelo velho pai a um novo convidado, que acabava de chegar.

Alguns beijavam-lhe a mão, em sinal de respeito. O velho, na apresentação, dizia sempre: "É meu filho, é um doutor, que vale mais que nós todos. Há momentos em que me da vontade de ajoelhar-me quando o vejo de longe. É meu filho! É meu filho!"

Quanta adoração! À mesa, ao servir-se o melhor vinho, o mais precioso, na ocasião em que o velho pai brindou o filho, com umas palavras toscas mas eloquentes de sinceridade, a velha mãe chorava de alegria!

O velho acabou o brinde chorando também, e o choro tão contagioso: todo o pessoal tinha os olhos cheios d'água! Ao terminar a saudação, quando o velho gritou no auge do entusiasmo: "Viva o doutor Aurélio", e os foguetes subiram em girandolas, a música rebentou ao som de um dobrado, oferecido ao homenageado pelo mestre, tudo isso acompanhado pelos "vivas" de todos os presentes, de toda aquela multidão compacta, que se comprimia para ver de perto o doutor Aurélio!

A pobre velhinha, de tanta emoção, desmaiou, sendo prontamente levada para o quarto, sem que o filho doutor soubesse do caso. O velho entregou-a a Caboré, o afamado curandeiro de Cordeiros, que se achava presente. Caboré curou-a em poucos minutos, sem que ninguém tivesse ciência daquele desmaio, a não ser o velho, eu, Idomeneu e ele, Caboré.

Lembro-me de que o curandeiro não consentiu que se chamasse o doutor. Garantiu a cura e efetuou-a. Quando Idomeneu quis chamar o doutor, ele perfilou-se e respondeu-lhe com estas palavras, pronunciadas com altivez e humildade, ao mesmo tempo: "Seu moço, aqui está João Caboré, o filho de Deus, o sabedor dos seus segredos e dos segredos da Natureza! Não precisa chamar esse doutor formado, porque ele só entende da ciência dos doutores, seus colegas. Ele não conhece a ciência dos ignorantes, como eu".

O fazendeiro, crente nessa ciência dos analfabetos, não obstante ter ali um filho médico, curvou-se às ordens de João Caboré. Caboré, Picapau e Perereca, os três famosos curandeiros do lugar, já estavam queixosos do doutor, pois, na ocasião em que o velho fazendeiro apresentou-os ao filho, esse, orgulhoso e vaidoso, virou-lhe as costas, dizendo ao pai que dispensava aquela apresentação, pouco honrosa para a sua posição de médico.

Os homens retiraram-se de cabeça baixa, projetando uma vingança para mais tarde! Idomeneu também estava aborrecido com o doutor e com razão. Quando, no "concerto", a pedido do velho Aurélio, ele ia cantar uma modinha oferecida ao médico orgulhoso, o homenzinho sorriu, chasqueando, e retirou-se da sala, pregando-lhe essa tremenda desfeita.

Eu, também, guardei a vingança para mais tarde. E a oportunidade chegou. Na última mesa, pedi a palavra e saudei o sábio, com ironia. Disse-lhe que tinha grande satisfação em vê-lo feito um médico, pois essa satisfação era o reflexo de que o seu pai experimentava, por vê-lo formado.

Disse-lhe que eu era um respeitador da ciência, embora sendo um ignorante. Mas fiz-lhe ver que, se quisesse, teria estudado para ser um médico, um advogado, um engenheiro, tendo plena certeza de que, em qualquer dessas ciências, não seria um medíocre. Fiz-lhe ver que, se todos os homens fossem doutores, quem nos faria os sapatos? Quem nos carregava o lixo de casa? Quem nos venderia o que necessitamos? Quem nos faria as nossas casas, o nosso pão etc., etc?

Assim sendo, presava a sua posição de médico, mas o seu saber alto me espantava! Era, para falar com franqueza, um saber muito vulgarizado. E fui por aí adiante, dizendo-lhe tudo que me vinha à boca, pois sempre fui um cabra destabocado. Esse homem, se fosse um homem bom e modesto, quando foi apresentado aos três curandeiros, devia tratá-los com carinho, chamando os três de colegas.

Assim, aqueles homens ficariam cativos do seu agrado e da sua modéstia. Esses três homens prestavam um grande serviço aos moradores do lugar, levando-lhes, de qualquer modo, o consolo e a fé, para curá-los, sem pedir um vintém aos seus "clientes". Caboré era o rezador, Picapau, o enfermeiro, e Pererera, o conhecedor das virtudes das ervas, o "doutor" das plantas medicinais. Os três completavam-se.

Ou pela fé ou pelo poder dos remédios e "mesinhas", eles efetuavam curas milagrosas. Até animais eram revivivos por eles. Por que curavam? Não sei! Para mim, essas coisas ficam no mistério. Mas vamos ao final da festa, que durou alguns dias, com o mesmo entusiasmo.

De dia, descansava-se e, de noite, as coisas recomeçavam, cada vez mais animadas. Afinal, tudo chegou ao fim, às mil maravilhas. O doutor tinha de partir para a capital três dias depois. Mas, a pedido dos pais, ficou combinado, de pedra e cal, que passaria um mês na fazenda, para descansar e dar começo à sua clínica, pois o seu padrinho, que não compareceu ao festival por motivos imperiosos, já tinha montado o seu consultório e tinha providenciado sobre tudo que lhe fosse necessário.

Os leitores imaginem o contentamento dos velhos pais, tendo ao seu lado aquele filho tão querido, o sábio vencedor de todos os males humanos. Imaginem isto, porque, passados dois dias depois da festa, vamos mudar de cenário, com um acontecimento imprevisto e acabrunhador.

Fatalidade! Destino atroz! Antes cinco dias da partida do doutor, cai enferma a sua velha mãe. A princípio, nada de alarmante, mas a moléstia foi-se agravando. Quando o velho indagava do curso da enfermidade, o filho sempre o acalmava, assegurando nada haver de extraordinário.

Afinal, não pôde mais ocultar. O caso era grave! O caso era desesperador! E veio a morte! Zé Aurélio, desde que sua esposa faleceu, trancou-se no quarto e só de lá saiu para o último adeus! Desde que a velha morreu, não mais pôs os olhos no filho. As despedidas foram grandiosas e ao enterramento veio a população inteira! Aquela casa há um mês era o paraíso da Alegria, mas agora era a residência da Tristeza, habitada pela Morte.

No dia seguinte ao do enterro, que foi realizado quase à noite, o velho, pela manhã, mandou chamar o filho, sentou-se em uma cadeira e lhe pediu para fazer o mesmo. Após uns instantes de terrível silêncio, começou a falar, tendo antes ordenado ao moço que não o interrompesse.

E foi assim que falou: "Nunca alimentei desejos de seres médico. Teu padrinho é que me convenceu do contrário. Sempre preferi ver-te um agricultor ou qualquer coisa de mais útil e mais prático. Estudaste seis anos numa academia, fora os que gastaste nos escudos principais. Finalmente, voltaste para a companhia de teus pais, feito um sábio curador. Quando te preparavas para regressar à capital, deixando-nos saudosos, caiu doente tua mãe e, em vez de curá-la, deixaste-a morrer! Agora, estou certo de ter errado, confiando no teu saber."

"Se tivesse mandado às favas o teu pergaminho e a tivesse entregado a Caboré, a Pererera e a Picapau, tua mãe não teria falecido. Caboré, que veio vê-la na véspera da sua morte, garantiu-me curá-la, se eu te impedisse a entrada no seu quarto."

"Pelo respeito ao teu saber, não aceitei o conselho do doutor da Natureza para não desagradar o doutor da academia. Logo depois de Caboré, veio Picapau e, depois, Pererera, todos repetindo as suas afirmações. Pois bem. Mataste tua progenitora! Agora, levanta-te, miserável, pois se tu não pudesses salvar aquela que te trouxe nove meses nas entranhas, como poderás salvar as mães dos outros?!"

O velho, com um gesto imperativo, puxou o filho pelo braço e gritou: "Fora daqui! Hoje mesmo, saia desta casa e deixe-nos em paz!" Dito isto, retirou-se e fechou-se em seu quarto. O doutor preparou as suas malas e pôs-se em caminho da cidade.

Cinco dias passados, o velho adoeceu! O mal era grave. Parece-me que uma infecção estomacal. O farmacêutico de Cordeiros ordenou logo que ele só bebesse águas minerais. Imediatamente, chegaram 6 garrafas, para que ele bebesse um cálice, de meia em meia hora. Quando o velho Aurélio viu as garrafas, exclamou, furioso: "Levem esta porcaria daqui! Não beberei outra água senão a da minha velha cacimba, que me dá de beber há mais de 80 anos e sempre me dei bem com ela. Como lhe hei de ser ingrato, desprezando-a, já no final da minha existência?! Ponham já e já esta porcaria fora daqui!"

Pediu que chamassem os três curandeiros. Todos três afirmaram que o curariam. E o curaram, porque no fim de uma semana, com a água de sua cacimba, com as rezas do rezador, com os cuidados do enfermeiro e os remédios do doutor dos matos, cuja farmácia eram os remédios dos matos, os chás de folhas medicinais e outras beberagens, levantou-se completamente são, dando graças a Deus e aos seus amigos curandeiros.

Os seus três "médicos" só lhe exigiram uma coisa: numa noite de lua cheia, dirigir-se com eles à sepultura de sua velha mulher, para todos rezarem uma Ave-Maria e deixarem sobre ela as folhas secas de tabibuia, com que ele foi curado.

Intitulei esta palestra com esses seis nomes pelo seguinte: Ciência, no doutor; orgulho, no mesmo doutor; ignorância, no velho fazendeiro; mistério, por não saber explicar os segredos de Deus; poesia, porque há muita coisa poética nesta história, e saudade, por me lembrar dos primeiros dias da minha mocidade, ao contá-la hoje aos meus leitores, depois de tantos anos volvidos!

Nota

Ao Sr. Oscar Peixoto de Barros, comunico que estou consultando versos velha-guardistas para me darem as suas impressões sobre as festas de São João de hoje, comparadas com as de outrora. Entre esses velhaguardistas estão: José Gonçalves Camaz, José Bandeira Brandão, Maximiliano Martins, Manoel Ferreira Capellani, Jupiaçara, Elpídio — o Bilu, Henrique Perez, Admar Vieira, Mario Jose Idomeneu Reis e o poeta-cantor Guta Pinho, a expressão mais completa do rádio brasileiro, quando interpreta, na sua voz modulada, a alegria e a tristeza das canções de sua terra gloriosa.

CAPÍTULO 23

RESPONDENDO, SEM RESPONDER

29 DE JULHO DE 1913

Caricatura de Catulo por Monteiro Filho.

(Ao Sr. Oscar Peixoto de Barros)

RESPONDO nesta palestra às cartas que tenho recebido, fazendo estes dois pedidos: falar sobre o passado e escrever as minhas crônicas com o mesmo brilho com que escrevo as minhas poesias, os meus poemas. Agora, pergunto eu a quem me escreve: que faço senão falar do passado, nestas conversas de quinta-feira, publicadas nesta revista?

O pedido é sem razão. Quanto ao segundo pedido, o outro, repetirei o que já disse mais de uma vez: quando pego a pena para rabiscar essas croniquetas, o poeta desaparece, ausenta-se, deixando em seu lugar tão somente o "contador". Isto é, leitura para o povo e não para os literatos, os intelectuais.

Não se trata de um prosador e muito menos de um poeta. Aqui é que está o mérito destas conversas, se é que elas o têm. Espero não ser mais preciso repetir estas coisas, fáceis de compreender.

A comparação que desejam do presente e do passado, quanta às festas de Santo Antônio, de São João e de São Pedro, é difícil e fácil de fazer. Falarei sempre como um frio observador e não como um velho saudosista, que só aprecia o pretérito.

Já reuni, como disse ao Sr. Peixoto, os meus amigos, pedindo-lhes as suas opiniões, uma frase apenas. Um deles afirmou: "A diferença é tamanha, que melhor será calar-me. Desde 20 anos as festas tradicionais estão, pouco a pouco, desaparecendo. O que se faz por aí não passa de uma pálida recordação das do meu tempo de moço. É só o que lhe posso dizer. Interrogue a outros mais inteligentes do que eu. A recordação das festas antigas impede-me de falar".

Um farrista de outros tempos assegurou-me: "Tudo passou. Tudo irá se acabando. Festas de São João, sem balões, sem fogos, sem fogueiras, podem ser tudo, menos festa de São João! O que venho observando há 30 anos é uma decadência do que foi uma esplêndida realidade! Ainda há festas, não nego, mas festas silenciosas, sem alegria, sem o fulgor das de outrora. Na minha opinião, dentro de dez anos, esses três santos populares estarão esquecidos".

Assim falou-me um outro velho, que todos os anos festejava o santo de seu, o João Cruz: "Não sei nem posso fazer comparações. Só posso, com mágoa, relembrar, os pagodes do meu São João, da mocidade! É o que tenho feito há muitas dúzias de anos. As fogueiras, os foguetes, os fogos desapareceram, mas ainda sentirei, nas noites de 23 de junho, bem acesas, as fogueiras que a saudade acende em meu coração de pagodeiro aposentado! Tenho dito".

Um tocador de harmônica, suspirando, proferiu estas frases, com profundo desalento: "Morri moralmente desde que a minha gaita emudeceu nesses dias tão lembrados. Eu era um rei, quando chegava num festival! O meu instrumento era disputado e dominava nos forrós dessas noites gloriosas! Devo resignar-me com a vontade de Deus! Hoje, nestas três noites santificadas, a minha harmônica só vibra dentro do meu saudoso coração. Tudo acabado!"

Um poeta de 80 anos sentenciou, com a sua palavra envelhecida: "As antigas festas desses três santos são como a poesia dos passadistas. As futuras serão o reflexo da "poesia" dos futuristas. Nem balões, nem fogos, nem fogueiras, nem batata assada, nem bebedeiras, nem nada! Apenas um profeta moderno ou do futuro, desengonçando um poema malalabarista, ao som de uma porção de tamborins, em homenagem, não a São João, mas a um santo cômico e trocista, de que é devota a ciência bestialógica do mesmo futurismo. Deus há de ter piedade dos velhos, como nós".

Logo, em seguida, um antigo seresteiro, assim se manifestou: "Eu, também, não sei fazer comparações. Viva a civilização! Viva o modernismo! Viva a mocidade de hoje! Viva o presente! Viva tudo! Tudo vai indo às mil maravilhas! Mas, contudo, envolto em minhas saudades, recordando o nosso feliz passado, as nossas brincadeiras antigas, vos direi que, desde muitos anos, na noite da véspera natalícia desses três santos, desde que começou a anoitecer, fecho a minha casa, acendo uma lamparina de azeite aos pés de uma imagem deles, deito-me na minha cama, cerro os olhos, ilumino o firmamento de minha alma e reproduzo, mentalmente, tudo o que gozei nessas noitadas hoje mortas para todo o sempre. Até Santo Antônio, São João e São Pedro vão minguando com o volver dos anos! Por quê? Não sei! Não me cabe explicar! Só me cabe sentir e sofrer!"

Outro velho serenateiro, convidado a manifestar-se, como os outros, abriu uma janela da sala, e começou a fitar o céu, sem dizer nada! Todos ficaram esperando a sua palavra, durante uns cinco minutos, até que, sem que ele e sem que ninguém esperasse, imprevistamente, passou um balão solitário, correndo no céu, a toda pressa, como um infringidor das leis municipais, fugindo do respectivo castigo pelo seu crime!

O seresteiro olhou para todos com os cabelos arrepiados, com as feições alteradas e gritou, estendendo os braços para o solitário balão: "Meus amigos! Adeus! Vou aproveitar a condução daquele luminoso soluço do passado, e, já que não é permitido soltar balões aqui, na terra, vou brincar com os anjos no céu, pulando as fogueiras com que Deus e os santos festejam o consagrado dia de hoje!"

Dizendo estas palavras, foi correndo pela rua afora, como um doido! Todos ficamos comovidos com o ímpeto da saudade do velho seresteiro! Chegava nessa ocasião, por volta de dez horas da noite, o Zé Mateus, o mais velho de todos os meus amigos, presentes e ausentes, que vinha, a meu pedido, tomar parte na nossa reunião e dizer alguma coisa sobre as festas sertanejas da sua terra, na véspera do santo, o padrinho de Jesus Cristo, Zé Mateus chegou do sertão há dez anos.

Está com 89 anos e ainda pode andar de sua casa à minha, três quilômetros de distância. Zé Mateus é um sertanejo legítimo. Ao chegar, já depois de muitos terem falado, foi recebido com muita salva de palmas. Sentou-se, tomou uma forte talagada da "branca" e, a pedido de todos, em geral, deixando que passassem umas dores nas pernas, motivadas pelo sacrifício da viagem, comprometeu-se a falar das antigas festas do santo, nos terreiros das choças de sua terra abençoada.

Capellani, o Neco, que toca viola, afinou a que estava pendurada na parede de meu quarto e começou a acompanhar a poesia do velho, decorada de um poema do meu livro Poemas Bravios. Zé Mateus disse que aquela poesia era minha, mas era dele também, pois eu havia traduzido todas as dores de seu coração de nonagenário naqueles belos versos.

Manoel Ferreira Capellani rompeu o pontiado nas cordas da viola e ele, o antigo sambador, o "tirador de fieira" nas noites sanjoanescas, o animador dos desafios, o fascinador das caboclas que, segundo dizia, trazia nas solas dos pés esmagando uma lágrima rebelde a lhe cair dos olhos, ainda sentindo as pernas doloridas por muito caminhar, começou a sua recitação:

Eu fui sambador, amigos,
e sambador sem rivais!
Estas pernas, hoje bambas,
foram rainhas de sambas, em noites que não veem mais!

Que importa que os cantadores
cantassem lá seus amores
nos seus "pinhos" gemedores
ou nas violas revéis,
se eu, debaixo destas solas,
trazia duas violas,
a soluçar nos meus pés!

Ai, noites de São João!
Noites do santo dos santos!
Alma das cordas e cantos
e das fogueiras do amor!
Mãe dos abraços e beijos
dos foliões sertanejos,
de todos nossos desejos,
e deste teu sambador!

Nisto, o velho abriu os braços, sorriu tristemente e prosseguiu:

Mocidade! Mocidade!
Tu me deixaste! És ingrata!
Eu tanto por ti chorei,
que, afinal, me conformei,
com a velhice, a enfermidade,
que, lentamente, me mata!

Mas hoje o que me maltrata,
não és tu! Mas a saudade de ti,
minha mocidade!

Esta saudade infinita!
Esta serpente maldita
que se enrosca dentro d'alma,
só para roubar a calma
de um pobre velho vencido,
pela angústia encanecido,
com as suas forças quebradas,
e um par de pernas inchadas,
que mal se podem mover,
pernas que já não são minhas,
mas que já foram rainhas,
e já fizeram, vaidosas,
muitas morenas dengosas,
muitas caboclas mimosas
por elas endoidecer!

Fitou o céu e com ardor prosseguiu:

Mas, não saudade bendita!
Não me deixes! Ressuscita
os meus triunfos de amores
daqueles sambas de então,
em que estes pés sedutores,
hoje tão cheios de dores,
já foram dois beija-flores,
voejando sobre o papogo
das rosas esbrazeadas
dessas roseiras de fogo,
das noites de São João!

 Ao proferir o último verso, o pobre nonagenário quis se pôr de pé, mas as pernas lhe fraquejam, e ele recaiu sobre a cadeira em que estava sentado! Com os olhos enfurecidos, passando as mãos pelos cabelos eriçados, prosseguiu, com arrobo e juvenil entusiasmo:

Amigos! Por caridade!
Demos um "morra" à velhice,
e outro "morra" à enfermidade,
essas duas cascavéis,
e bebamos, recordando
o tempo dos seresteiros,
em que eu, o rei dos sambeiros,
o satanás dos violeiros,
rodopiando nos terreiros
das choças dos menestréis,
trazia, num "pé de alferes",
a alma inteira do samba
e o coração das mulheres
debaixo desses meus pés!

Não pôde continuar!

A ênfase com que disse esses últimos versos, prostrou-o! A recordação dos dias venturosos de sambador, de dançador de coco, de miudinho, de baião, quebraram-lhe as energias físicas e ele cedeu as imposições da sua velhice!

Zé Mateus acabou a poesia chorando!

Agora ouvi-me, caros leitores. Enquanto o nonagenário recitava, e nós estávamos compartilhando com as suas mágoas e as suas saudades, um poeta moço, um notável representante da poesia modernista, poeta bem aquinhoado na vida, cujo nome não vos direi; esse condor do futurismo, que apareceu pouco antes do velho começar a dizer o seu canto de amarguras, esse "imortal", esse Marineti brasileiro, sorria do ancião, evocando naqueles versos a primavera da sua mocidade!

Aqui tendes o passado, corporificando no velho sertanejo, no sambador; o presente, nos que o ouviam, sentindo as suas dores, e o futuro, no célebre vate futurista, caçoando da velhice a da enfermidade de um coração quase centenário.

Vós me perguntais que serão as noites de Santo Antônio, de São João, de São Pedro, de ano bom e de Natal, de aqui a uns anos volvidos! Por minha vez, eu vos pergunto também: Que serão elas? Para onde iremos com essa nova orientação do novo mundo? Que será da poesia do nosso tempo?

Que será da música de Verdi, Carlos Gomes, Bellini e de outros grandes melodistas? Que será do próprio Wagner? Que será da pintura?

Que será da escultura? Que será da ciência, cuja finalidade é evoluir? As óperas existirão ainda? As orquestras serão como as de hoje? Os médicos serão substituídos por outros médicos, sem serem médicos?

Como será o ensino primário? Como será a educação doméstica? Ainda haverá educação? Como será o comércio? O dinheiro desaparecerá? Como farão os trocos? Que nos dirá o rádio? Os sambas ainda predominarão com os seus "tenores", "barítonos" e "baixos"?

De aqui a dez anos, eu serei lido ou estarei olvidado? A herma que o povo me ofereceu estará como está ou terá sido destruída pelos poetas, que se estão ensaiando para tomar conta do novo Parnaso? Um "imortal" que, tratando dos poetas brasileiros, se esqueceu de meu nome, de meu insignificante nome, estará dominando o Brasil com a sua literatura ou terá mergulhado nas profundezas do Nada, com toda a sua mortal imortalidade?

Será possível que o vosso poetastro esteja rindo-se dele? Eloy Pontes, formidável talento, criador da crítica literária, esse homem, cujo saber nos impõe o mais concentrado respeito, Eloy Pontes, que, pelas colunas do fulgurante vespertino "O Globo", chamou-me de tocador de violão e seresteiro, e de bobo, quando se meta a poeta, Eloy Pontes estará sendo lido ou ninguém mais se lembrara do seu nome famoso?

Não posso vos responder! Não sou profeta. Não me preocupo muito com o que tem de vir. Quando as festas tradicionais estiverem mortas, morto estarei eu também. Se Santo Antônio, São João e São Pedro caírem no olvido, porque os "imortais" também não serão olvidados?

Mas, quem sabe se essas festas não reviverão? Quem sabe se a poesia e a música não tornarão a ser o que foram? Tudo pode ser! É possível até que o próprio Deus seja destronado, pare que em seu trono seja colocado o famoso Satanás!

Não me pergunteis por aquilo que está velado pelo véu tenebroso do Mistério! Eu creio em Deus, no Deus do Infinito, e vós deveis crer nesse Deus absoluto! A não ser os prazeres do velho passado, as festas, as pândegas, as serestas, as serenatas, as farras de trovador, do trovador chasqueado pelo divino Eloy Pontes, o Saint Beuve da nossa crítica literária, esse Plutarco da atualidade, esse gênio, cujas chances nos assombram – nada deixo neste mundo digno de ser recordado pelos donos da inteligência humana!

Direi, imitando o velho Zé Mateus, no final da sua poesia: "Morra a coleção dos futuristas, dos modernistas! Morram as inovações cômicas, por que o mundo está passando, morra o orgulho fofo dos 'gênios', que, em lugar de voar, como os condores, coaxam nos charcos do futurismo idiota, e vivam os seresteiros, os farristas, os serenateiros, os sabiás, os gaturamos que se riem de ver os sapos, querendo imitá-los nos seus gorgeios; com que louvam ao Cristo, filho de Deus, e o outro Cristo super-humano — o Cristo da inspiração, de que eles não são devotos".

A todos os que me têm escrito, pedindo para fazer a comparação dos tempos de hoje e dos tempos passados, peço desculpas, se não lhes pude responder ao que me perguntaram. Tenciono, brevemente, contar uns fatos de minha vida, para os quais, até hoje, não encontrei uma explicação plausível. Conto-os porque fazem parte dela. Talvez o espiritismo possa explicá-los.

Não sei, porque não sou espírita e muito menos materialista. Creio em tudo e descreio de tudo! Só alimento uma crença absoluta: a crença em Deus, a qual me dá inteligência pare estimar a grandeza dos homens, e maldizer a vileza dos filhos de Adão, que formam quase a totalidade!

E, por hoje, encerro a minha tagarelice de velho papagaio. Como bom brasileiro, todas as noites, ao deitar-me, e todas as manhãs, ao levantar-me, rogo ao Criador que nos livre dos malvados, que ampare os que nos governam, fazendo-nos acompanhar os progressos humanos, mas deixando-nos ficar com o que é bom, com o que Ele criou para durar por toda a eternidade.

E, por fim, quero perguntar aos meus distintos perguntadores: "Como a trindade de santos brincalhões, Antonico, Joãozinho e Pedroca estarão julgando esse esmorecimento das suas noites, tão decantadas pelos bardos passadistas e pelos ignorantes, iluminados pela Fé? Respondam-me: que pensarão eles de tudo isto?

Leitores! Mais este "pedacinho", que ia ficando esquecido. Há dias, vieram visitar-me dois moços, um do Estado do Rio e outro do Espírito Santo. No curso da conversa, um deles perguntou-me: "Sr. Catulo: Fale-me com franqueza! O Sr. não acha que esses nossos cantores de rádio, os nossos astros, podem competir com os célebres cantores do estrangeiro, que nos têm visitado: Caruso, Tamberlick, Guayarre, Zanatelo, Volpi, Tita Rufo, Tito Schipa e outros mais? Não acha o Sr. Catulo que uma Aracy de Almeida ou Marilia Baptista valem mais que uma Claudia Muzzio? Sejamos patriotas e prezemos o que é nosso!"

Pensais que estou gracejando?

Sob minha palavra: afirmo estar reproduzindo o que ouvi!!!

Que horror!!!

CAPÍTULO 21

O CELEBÉRRIMO DR. JOÃO BATISTA CAPELLI
1 DE AGOSTO DE 1913

Dr. João Batista Capelli retratado por M. J. Garnier.

DR. João Batista Capelli foi um médico com quem convivi por mais de cinco anos. Testemunhei na clínica desse médico fatos importantíssimos, que vou relatar na presente palestra. Os leitores vão ler coisas maravilhosas na vida desse homem incompreendido, mesmo pelos seus mais íntimos amigos. Vejamos.

Doutor Capelli era chamado para ver um doente. Imediatamente ele reunia o seu "ministério" farrista: uma flauta, dois violões, um cavaquinho e um trombone, às vezes substituído por um oficlide. Eu era o cantor.

Dirigia-se com esses músicos para a casa do doente, ficando eles a uma certa distância, aguardando o sinal de aproximação ou de retirada. Sim, de retirada, porque se a moléstia fosse mortal, ele viria reunir-se ao "terno", rumando logo para a Praça Onze de Junho, onde ia beber com os amigos, numa casa de objetos de cera, que, segundo me parece, ainda existe hoje no mesmo lugar.

Era quase sempre nessa casa que recebia os chamados para ver os seus doentes. O pessoal, como disse acima, ficava na esquina mais próxima, aguardando o sinal convencionado. Se ele visse que o doente, embora sofrendo de enfermidade grave, seria salvo, dava o tal sinal, e os músicos entravam pela porta adentro, "chorando" um "choro" dos que mais ele apreciava.

Está bem visto que ele só procedia assim, quando o enfermo já era seu conhecido. Quando era um doente novo, esperava o seu restabelecimento para saudá-lo, no fim da moléstia, com a manifestação musical, dando-lhe alta, musicalmente.

Todos os seus clientes eram obrigados a dar um jantar a ele e aos farristas, como um agradecimento a Deus, pela derrota imposta ao mal, inimigo e amigo dos esculápios. Inimigo, por vencê-lo muitas vezes, e amigo por lhes dar dinheiro a ganhar. Quando o doente não era conhecido e ele previa a cura, preparava a família para receber o célebre "terno", na segunda ou terceira visita.

A família se alarmava, mas se conformava, ouvindo a afirmação do clínico, ou, antes, do "feiticeiro", jurando pelo seu pergaminho que o seu novo cliente em poucos dias estaria de pé. Três casos bastam para que o leitor fique conhecendo esse médico misterioso.

É preciso dizer, antes de descrevê-los, que, às seis horas da manhã, antes do café, já o nosso homem tinha ingerido uns cálices de conhaque ou de outro licor capitoso. Essas libações continuavam durante todo o dia, até alta madrugada, vindo para casa, depois de finda a última farra.

Eu sempre o acompanhei em todos os chamados. Nesse tempo, lecionava a três negociantes da rua Uruguaiana: um negociante de ferragens, um negociante de calçados e um de chapéus. As lições eram dadas duas vezes por semana: nas terças e sextas-feiras.

O que recebia dessas lições me dava para viver boemicamente. Isto, por volta de 1889. Capelli, ao transpor a soleira da casa do doente, olhava-me por baixo do pincenê de vidros azuis e proferia, baixinho: "Salvo!" Ou, então: "Perdido!" Nunca faltou nesses seus prognósticos espirituais! Vejamos.

Em uma noite, estávamos nós em casa de Leite Gomes, ceando com ele, no aniversário de sua filha, quando chegou um chamado urgentíssimo para Dr. Capelli de um seu amigo da rua da Constituição, de nome Júlio Manes.

Já nós havíamos esvaziado umas dúzias de garrafas e a festa estava no seu auge. Capelli, com uma bela voz de barítono, cantava, nesse momento, uma canção italiana. Imediatamente, interrompeu a canção, dirigindo-se à casa do amigo, levando-me consigo.

Saiu dizendo à rapaziada que estava de volta dentro de hora e meia. Ao chegar à casa do Manes, perguntei-lhe: "Que tal? Salvo ou perdido?!" Salvo, respondeu-me. Entrou, examinou o enfermo e partiu, prevenindo a família que no dia seguinte, ao anoitecer, viria só, mas logo no outro dia, pela manhã, viria acompanhado do "terno", do famoso grupo de farristas.

"Que é isto, seu doutor? O senhor não está gracejando?! Música, com o meu marido gravemente enfermo?!" Capelli sorriu, limpou os vidros do pince-nê e respondeu-lhe: "A senhora nada tem de ver com isto. Seu marido está grave, mas eu garanto a sua cura. Se não me chamassem hoje, não me responsabilizaria por ele. Mande já aviar esta receita. Vá lhe dando o remédio aos cálices, de uma em uma hora. Se estiver dormindo, acorde-o. O essencial é que tome o remédio. Basta uma pessoa para ficar velando ao lado dele. A senhora e todos os mais podem ir dormir a sono solto. Agora, minha senhora, depois de tranquilizá-la, volto para a casa do Leite Gomes, onde estamos em farra. Amanhã, pela tardinha, estarei aqui com o 'choro', o sinal da nossa vitória. Não se aflija com as minhas extravagâncias. Durma sossegada e até amanhã, se Deus não determinar o contrário".

A senhora ficou preocupada, mas confiante na palavra do médico boêmio. Capelli, de volta, entrou em casa de Leite Gomes, cantando a modinha que publico hoje nesta palestra, dizendo, ao terminá-la, que Manes estava salvo.

Dr. João Batista Capelli foi recebido com vivas delirantes e uma salva de palmas. O pagode terminou às 6 horas da manhã, hora em que nós nos separamos. Capelli não dormiu mais. Foi para casa, mudou de roupa e voltou para o seu ponto, a casa de bebedorias, ali permanecendo até a hora de sua primeira consulta na farmácia do Valim.

Às 5 horas da tarde, já estava reunido o pessoal na casa das ceras, todos bebendo "à la gordaça", enquanto se esperava o Grão Mestre. Capelli, ao chegar, saudou os músicos, já preparados com os seus instrumentos.

Perguntando-lhe se tinha recebido algum chamado da casa do Manes, respondeu-me: "Não! Nunca menti aos meus clientes". Tomou uma valente talagada e ordenou: "Sigamos todos para a casa de Manes". E lá fomos todos.

A senhora recebeu-nos chorando. Gomes Leite quis mandar parar o "choro", pois que entramos tocando, mas o Capelli não consentiu. Terminado o choro, Gomes Leite foi o primeiro a se dirigir à senhora, com a voz trêmula de emoção: "Desculpe-me, minha senhora! Eu não queria vir! O doutor me obrigou a acompanhá-lo. Vejo-a chorando! O Sr. Manes, com certeza, piorou!"

"Não, senhor Gomes! Choro porque meu marido está salvo, graças a Deus e a este feiticeiro divino, o doutor Capelli!" Ouvindo isto,

Capelli ordenou aos músicos entrarem tocando no quarto do doente! Manes, ainda profundamente abatido, recebeu-nos, atirando-nos beijos com seus dedos emagrecidos.

Só nos retiramos pela madrugada, depois de uma esplêndida ceia, regada com excelentes vinhos italianos. No fim de uma quinzena, com Manes de pé, entramos no célebre jantar, que era o mais belo agradecimento de Capelli a Deus, seu grande Mestre.

Outro caso. Em outra noite de farra, estávamos em casa do velho Camillo, quando entra pela porta adentro, um preto velho, suplicando a doutor Capelli que fosse ver sua velha mãe, de 95 anos, que estava a gritar com uma dor nos intestinos, isto há duas horas. Quis ajoelhar-se a seus pés, mas ele não consentiu.

A noite estava fria. Pediu um cálice de conhaque e disse ao preto velho: "Acompanhe este moço. Bata na farmácia e leve o remédio que lhe derem. O farmacêutico dirá como ela deve tomar e como devem ser feitas as afomentações".

Todos suplicaram a Dr. Capelli que fosse ver a pobre velha. Mas ele revoltou-se, ameaçou cortar relações com os amigos e ordenou ao preto, dando-lhe um papel escrito: "Vá já. Não se demore. Amanhã, por volta de meio-dia, me verá em sua casa. Pela manhã, a sua mãe não sentirá mais dores. Confie em Deus e na minha palavra de curandeiro".

No dia seguinte, acompanhei-o até a casa da enferma. Estava sentada na cama. Estava salva! Capelli pediu que fossem buscar duas doses de vinho de barril, pois com isto dava-se por bem pago. No fim da quinzena, entrávamos numa feijoada em casa do velho, chamado João Bugre, morador à rua de Dona Feliciana. Excusado é dizer que quando Capelli foi ver a velha, no dia seguinte ao da noite em que foi chamado, nós o acompanhamos com o "choro" completo.

Mais outro caso. Mais um, somente. Fazia três dias que tínhamos estado numa farra, em casa do velho Migon, amigo de nós todos. Estávamos na loja de cera, quando, imprevistamente, com enorme surpresa, recebeu Capelli um chamado para ir ver Migon, o nosso bom amigo!

Estupefação geral! O médico franziu a cara, silenciou por cinco minutos e disse ao portador: "Vou já". Todos, aflitos, lhe perguntamos: "Que será, doutor? Com certeza incômodo de velho?" "Não!" respondeu-nos. "Está morto! Só Deus o salvará!"

Todos o acompanhamos. Mas, ao chegarmos, encontramos o velho já sem vida. Falecera há cinco minutos! Capelli passou o atestado.

Não me lembro qual foi a moléstia que o vitimou.

Querem mais casos? Como esses, poder-vos-ia contar um sem número deles, se houvesse tempo e espaço. Pergunto aos leitores: Quem inspirava o doutor João Batista Capelli nos seus prognósticos e diagnósticos?

Pedindo-lhe um dia que ele me dissesse, confidencialmente, quem o inspirava, respondeu-me com estas palavras: "Não sei! Faço, segundo o que me ordena o pensamento. Não ouço voz estranha. Sinto... Não sei te dizer o que sinto! Não sei! Sei tanto, como tu. Eis a verdade!"

Agora, satisfazendo ao pedido de mais de uma centena de velha-guardistas, publico, na palestra de hoje, a primeira modinha que escrevi, aos vinte anos de idade. Que os amigos velhos guardem esta "joia", não a percam, porque ninguém mais se lembra dela, e porque vai publicada como a escrevi e como a cantei. Agripino Griecco conhece-a há 50 anos. Ei-la:

Ao luar

Vê que amenidade,
que serenidade
tem a noite ao meio,
quando, em brando enleio,
vem lenir o seio
de algum trovador!
O luar alvente,
que do bardo a mente
no silêncio exalta,
chora a tua falta,
rutilante estrela
de eteral candor!

Minha lira geme
no concento extreme
que a saudade inspira!
Vem ouvir a lira,
que, sem ti, delira
nesta solidão!

*Vem ouvir meu canto
no florir do pranto,
com que a dor rorejo,
lancinante harpejo
que das fibras tanjo
deste coração!*

*Vem, meu anjo, agora
recordar nest'hora
nosso amor fanado,
quando eu, a teu lado,
mais que aventurado,
por te amar vivi!
Quero a fronte tua
ver a luz da lua
resplendente e bela!
Descerra a janela,
que soluça o estro
só pensando em ti!*

*Dá-me um teu conforto,
que este afeto é morto,
que me consagravas,
quando protestavas,
quando me juravas
eviterno amor!
Vem um só momento
dar ao pensamento
a tua santa imagem,
depois, na miragem,
deixa, em tua ausência,
cruciar-me a dor!*

 A música vocês conhecem, como conhecem os dedos das mãos. Guardem o número desta "Vamos ler!", para dizer aos amigos onde podem encontrar essa modinha, se a quiserem possuir.

CAPÍTULO 25

NO PALÁCIO DO CATETE UM SONHO SONHADO EM POESIA

12 DE AGOSTO DE 1913

Palácio do Catete no início do século XX.

PRÓXIMO ao fim do governo de Dr. Artur Bernardes, Dr. Arduino Bolivar, emérito latinista, e diretor de instrução em Belo Horizonte, convidou-me, a pedido do presidente, para dar uma audição em Palácio, na noite da véspera de São João. Dr. Arduino disse-me que nada receasse, pois a força que guardava o Palácio já estava prevenida e um oficial me esperaria às 9 horas da noite.
No dia 23, por volta de 8 horas, saí da redação da "Gazeta de Notícias" e rumei para o Largo da Lapa, a fim de tomar um auto, levando comigo o meu violão, dentro de uma caixa de madeira preta, uma caixa bem volumosa.

Acompanhava-me o violonista cego, professor Livinio da Conceição, levando também o seu instrumento. Trazia-o comigo, porque tinha certeza de que o Presidente iria apreciar o notável artista, o qual vive ainda.

Às 8h30 da noite, chegávamos ao Largo da Lapa. Ali deu-se uma cena cômica, pois, ao chamarmos um automóvel e pedindo ao "chauffeur" que nos conduzisse ao Palácio do Catete, o "chauffeur", vendo os dois instrumentos dentro da caixa, botou as mãos na cabeça, gritando: "Pelo amor de Deus, senhores! Os senhores anarquistas procurem outra condução! Tirem daqui estas duas bombas explosivas!"

O homem chorava e fazia essa súplica ajoelhado, de mãos postas e fitando o céu! Quando ia lhe explicar o fato, ele, com indisível satisfação, reconheceu-me e exclamou: "É o Sr. Catulo! Graças a Deus! Nunca tive tanto medo na minha vida! Pensei que os senhores fossem atacar o Palácio do Presidente! Graças a Nosso Senhor Jesus Cristo!"

Tudo explicado, seguimos viagem. Na esquina da rua Silveira Martins, recebeu-nos um oficial que pagou ao "chauffeur" e conduziu-nos à sala, onde nos aguardavam Dr. Artur Bernardes com todo o Ministério, chefes das Casas Civil e Militar, senadores, deputados, presidente da Câmara, chefe de Polícia e mais outros amigos seus.

Nunca mais me esquecerei do carinho com que Dr. Artur Bernardes me acolheu. Pedi-lhe desculpas de ter levado comigo o professor cego Livinio da Conceição, sem o seu consentimento. Respondeu-me que eu tinha feito muito bem, porque gostava muito do violão, e, principalmente, tocado por um mestre.

Depois de breve palestra, todos dirigiram-se para o salão de concertos. Uma senhora, de cujo nome não me recordo, tomaria parte na minha audição, executando algumas músicas brasileiras ao piano.

Todos acomodados, pedi licença ao Presidente da República para que Livinio da Conceição executasse no seu instrumento o Hino Nacional, acompanhado por mim. Foi uma surpresa! Todos se levantaram e o artista tocou a música de Francisco Manoel com tal perfeição, que foi saudado com frenéticas palmas de entusiasmo.

Depois, a pianista tocou vários tangos de Ernesto Nazareth, também muito aplaudida. Não me foi preciso mais para que me convencesse de que estava enfrentando um escolhido auditório, constituído pelo Presidente e seus convidados.

Chegando a minha vez, perguntei-lhe qual dos meus poemas deseja ouvir em primeiro lugar. O Presidente lembrou-me que era véspera de São João, e, portanto, nenhum mais acertado do que "A promessa", que já lhe era conhecido de leitura, assim como já conhecia toda a minha obra.

Tendo, antecipadamente, ensaiado os cantos desse poema com Livinio da Conceição, aprovei a ideia presidencial. Dividi-o em duas partes, fazendo um pequeno intervalo de dez minutos. Foram mais de 2 horas de enorme satisfação para mim e para o auditório.

"A promessa" foi recitada com todos os cantos que a ilustram. Dr. Artur Bernardes aplaudia tanto, com tal calor, com tanta alegria, que parecia um simples espectador, um simples ouvinte na plateia de um teatro público, e não o primeiro magistrado da Nação! Foi, incontestavelmente, uma noite gloriosa para mim! A minha audição só terminou às três horas da madrugada, isto mesmo, não por vontade do auditório, mas por ter eu manifestado sinais de cansaço.

Finda a audição, S. Excia. convidou-me para a ceia. Ordenou-me sentar-me ao seu lado. Palestrando, ouvi-lhe estas frases muito engraçadas: "Já o conhecia de nome e de ler as suas obras. Sempre fui um seu grande admirador. O Sr. ofereceu-me com a sua audição uma noite que sempre hei de relembrar com saudades. O que eu não pensei é que o Sr. Catulo 'fosse um homem tão modesto'".

Finda a ceia também pedi permissão para retirar-me, agradecendo-lhe a honra de me ter ouvido e tratado com tanto carinho. Saudando a todos com um "boa noite" geral, despedi-me por último do ilustre chefe, o qual, dando um vigoroso aperto de mão, proferiu ainda estas palavras, com ênfase: "Sr. Catulo pode sair daqui convencido de que tem em mim um admirador e um amigo. Aqui estou para servi-lo, quando de mim precisar. Não faça cerimônia. Veja se posso servir-lhe em alguma coisa. Muito agradecido e adeus".

Foi isto o que ouvi dos lábios do Presidente Artur Bernardes e, no entanto, nada lhe pedi. Naturalmente, precisava de muita coisa, mas não quis incomodá-lo. Assim foi a minha audição no Palácio do Catete, em companhia do violonista cego, professor Livinio da Conceição, o mestre de Dilermando Reis.

Brevemente, descreverei a viagem que fiz com Dr. Francisco Sá, ministro da Viação, quando o mesmo foi inaugurar a estrada de ferro de Montes Claros. Por esse tempo, exercia o meu cargo de datilógrafo na Secretaria do mesmo Ministério, onde sempre me achei com dois amigos: Vieira de Melo, diretor desta revista; e Júlio M. Reis Junior, figura de alto prestígio naquela repartição.

Já respondi a muitos leitores, perguntando-me por cartas onde podem encontrar o meu livro "Fábulas e Alegorias". Esse livro já se esgotou em segunda edição. Só poderão encontrá-lo em alguma livraria de livros usados.

Não lhes posso dizer quando será reeditado, porque a propriedade está vendida. Pela última vez, atendo aos pedidos dos meus leitores, publicando esta poesia, a "Cachorrada", que faz parte daquele livro.

Devo dizer-lhes que este poemeto é filho de um sonho, sonhado há muitos anos. Coma explicá-lo? Só consultando meu grande amigo e médico ilustre, Dr. Gastão Pereira da Silva, o mais competente discípulo de Freud, e o jornalista e poeta Mário José de Almeida, o mais abalisado intérprete de todos os sonhos. Eis a poesia:

Cachorrada

*Numa noite de luar, de lua cheia,
dois viajantes puseram-se a caminho,
saindo de uma aldeia
para um sítio vizinho,
quando, em doces palestras entretidos,
a gracejar e a rir, foram surpreendidos
e agredidos
por um vil fradilqueiro, um vil cãozinho,
que se pôs atrás deles a latir.*

*No mesmo instante, de uma e de outra choça
uma troça de cães, uma tremenda troça,
de cachorros de raça diferente,
num pandemônio ensurdecente,
pôs-se doida a latir.
Parecia que o mundo, em derrocada,
com o dilúvio daquela cachorrada,
ia, de vez, findar!
Quando um dos dois amigos, se abaixando,
ia pegando uma pedra no chão,
para, indignado,
jogá-la no tumulto esganiçado,
o mais velho dos dois,
a isto, com razão, logo se opôs.*

*Não faças tal, amigo!
Não lhes dê importância! Vem comigo!
Deixa-os ladrar nesta infernal desordem,
que eles ladram somente, mas não mordem*

Ladrar, ganir, uivar,
é a principal função,
o papel cachorral de todo cão!!!
Se lhes jogares uma pedra agora,
é pior, nenhum deles vai-se embora
e de certo mais alto gritarão!
Vamos andando calma, calmamente,
que eu conheço esta raça de caninos,
esses "bichinhos maus", estes ferinos,
que se assemelham tanto a "certa gente!"

E o mais moço, aceitando este conselho,
este aviso prudente do mais velho,
prosseguiram os dois, sem se importar
com os fraldiqueiros,
os totós brejeiros,
que, de tanto ladrarem, despeitados,
já não podendo mais ladrar, cansados, deixaram de ladrar!

Queridos leitores! Meditem e resolvam! Quando atacados por certos "cãezinhos humanos", procedam sempre como estes dois rapazolas sensatamente procederam. Deixá-los ladrar! Eles não fazem mal! Divertem a gente!

CAPÍTULO 25

EM BELO HORIZONTE
19 DE AGOSTO DE 1913

Vista parcial da região central de Belo Horizonte em 1915.

MAIS de oito audições dei em Belo Horizonte, quase todas no teatro e todas convidado pelo Dr. Arduino Bolivar, de quem tenho falado nestas palestras. Não houve uma só audição que não tivesse a lotação completa.

A plateia era o que há de mais fino desse paraíso terrestre. Numa delas, tive de ir ao palácio, por convite do ilustre doutor Raul Soares, presidente (governador) do Estado. O doutor Raul Soares deu uma grande festa, comemorando uma data histórica, de que não me lembro. O Ministério e altas personalidades estavam presentes.

Às 9 horas da noite, o presidente mandou um automóvel buscar-me. O palácio estava todo iluminado e havia gente passeando pelo jardim, também fartamente embandeirado e cheio de luz.

O presidente quis me ouvir à margem de um lago artificial. Todos sentaram-se ali naquele lugar tão poético e, antes de dar-me a palavra, mandou parar todas as bandas de música, que tocavam naquele momento.

Recitei o "Lenhador", a seu pedido. Ao terminar esse poema, o doutor Raul Soares dirigiu-me umas palavras tão fervorosas, tão encomiásticas, que hoje lamento não terem sido taquigrafadas, para estampá-las nesta palestra.

Ao proferir a última frase do elogio, soou uma fuzilaria de palmas de todos os ouvintes, mais de mil. Até um seu filhinho, que trazia nos braços, bateu palmas, exclamando: "Viva Catulo!"

Depois de um intervalo de quinze minutos, enquanto as bandas tocavam, recomecei a audição. À meia-noite, despedindo-me do presidente, tomei um automóvel oficial, já preparado para conduzir-me ao hotel em que me achava hospedado.

Ainda guardo o presente que S. Excia. me ofereceu, ao retirar-me. Foi uma festa, uma grande festa, de cujo brilhantismo vos poderá falar Dr. Barbosa Lima Sobrinho, um dos convidados de Dr. Raul Soares.

Lembro-me de que o cumprimentei nessa noite com um aperto de mão, felicitando-o. As outras audições no teatro foram coroadas de êxito surpreendente. Um fato importantíssimo: de uma vez, em uma noite escolhida para descanso, fui obrigado a, por pedidos gerais, dar um espetáculo extraordinário, o qual só pôde ser anunciado ao meio-dia, quando botaram uma tabuleta na porta do teatro.

Visto o atraso do anúncio, receei achar o teatro vazio e ficar gorada a audição. Puro engano! A tabuleta, como disse, foi posta ao meio-dia e, à uma hora da tarde, não havia mais um lugar, mesmo nas gerais!

Lamento, também, não ter sido taquigrafado um discurso do eminente Dr. Mario Matos, num espetáculo de gala, discurso muito honroso para mim e para aqueles que estimam as produções do meu estro.

A última audição que dei em Belo Horizonte foi no Cinema Brasil, se não me engano no nome. Era um sábado e eu só podia demorar-me fora do Rio três dias, não mais. Na sexta-feira, fui falar com o proprietário do dito cinema. Disse-me ele serem precisos uns dias de reclame e não haver tempo para isso.

A semana entrante era a Semana Santa. Suas palavras foram estas: "Se o senhor der a sua audição na segunda ou terça-feira, terá alguém na plateia, mas, não obstante o seu nome, o seu prestígio, a sua fama, não terá mais de um terço da casa. O povo daqui é extremamente religioso".

"Nestes casos", respondi-lhe: "embarcarei amanhã para o Rio, transferindo a minha festa para meses depois". Ao despedir-me, fiz-lhe ver que o poema da minha audição era de fundo religioso. "É de fundo religioso?", perguntou. "Neste caso, vamos anunciar a sua festa para terça-feira da Semana Santa. Vou já mandar preparar as tabuletas".

Duas horas passadas, estavam três, uma em cada porta. "Agora, vamos ver a plateia do cinema. É muito grande, como vai ver. Sr. Catulo ainda tem peito para ser ouvido da última fila?" "Vamos verificar".

O cinema era, de fato, enorme. Disse-lhe que o pano de boca ficaria fechado, e pedi-lhe que fizesse uma espécie de pinguela, da boca de cena à primeira fila de cadeiras. Falei qualquer coisa do palco e ele foi ouvir-me nos fundos da plateia. Ouvindo claramente, felicitou-me pelo vigor da voz. Ainda tinha peito.

Só apareci no cinema na terça-feira. Às sete horas da noite, faltando uma hora para o começo da audição. Cheguei e subi para o alto, de onde se domina todo o espaço. Fui entender-me com o empregado que se incumbe do movietone.

O poema que ia ser representado era a "A promessa", ilustrado com vinte e dois números de cantos, todos eles gravados em discos, conservados por mim há muitos anos. Quando chegava a hora de entrar o canto, eu fazia um sinal convencionado e a música ressoava por todo o ambiente, sem que ninguém soubesse de onde vinha!

Enquanto isto, eu sentava-me numa cadeira, até o final do canto, levantava-me outra vez e recomeçava a recitação. O espetáculo levou quase três horas, com o intervalo apenas de dez minutos.

Quando cheguei, às sete horas, e vi a casa vazia, um quinto da plateia, fiquei desanimado. Mas o dono do cinema observou-me que, propositadamente, tinha posto uma fita sem importância. Afiançava-me que, terminada a fita, a casa se encheria em poucos minutos.

E assim foi. Ficou superlotada. O que achei curioso foi ver a primeira fila de cadeiras ocupada somente por sacerdotes! Fiquei radiante de alegria! Uma audição dada por mim, numa terça-feira de uma Semana Santa, num lugar cujos habitantes são extremamente religiosos, com presença de uns vinte sacerdotes, é um caso para isso.

Às oito horas, em ponto, apareci em cena, para dar ao público umas explicações precisas para a completa interpretação do poema. Pedi desculpas ao auditório, de ir fazê-lo ficar mais de duas horas sentado a ouvir-me, pois era eu a única pessoa que veriam no espetáculo.

O auditório era constituído de tudo o que há de mais seleto em Belo Horizonte. Pedi que me perdoassem tal ousadia. Mas, logo com ânimo ardoroso, alterei a voz e exclamei: "Cacetearei por tanto tempo o finíssimo auditório, mas com a certeza absoluta de terminar a minha audição, deixando em todos os ouvintes uma impressão inesquecível do meu poema e desta noite, para mim, também inolvidável".

De cinco em cinco minutos, a minha recitação era animada por um chuveiro de vibrantes palmas! Ouvi, por mais de uma vez, sair esta exclamação da primeira fila: "Divino!!" Eram os sacerdotes! De momento a momento, repercutia um – bravos! – por todo o ambiente! Os discos, participantes do poema, eram calorosamente aplaudidos. O samba, a embolada, o coco, o baião, o choro, a banda de música, as violas, os violões entusiasmavam os ouvintes, porque são tudo o que há de mais brasileiro.

O meu poema "A promessa" contém todas as músicas da nossa terra, desde "O Guarani" e o Hino Nacional até a música mais primitiva dos nossos sertões. É o documento da vida e da natureza desses sertões, como disse Ruy Barbosa, prefaciando um dos meus livros.

Mas falemos do fim do meu espetáculo. Ao concluí-lo, com a música de Francisco Manoel, todo, todo o auditório, sem exceção de ninguém, levantou-se e bateu palmas durante cinco minutos bem contados!

Ao sair, ouvi estas palavras do eminente professor Dr. Arduino Bolivar e do Dr. Mario Matos, o grande orador, um dos maiores do Brasil, ou, antes, do mundo: "O Sr. deixou a nossa terra com grande orgulho do seu alto valor. A plateia aqui, de Belo Horizonte, é igual às mais finas da Europa, dos povos civilizados. Mas devemos dizer-lhe que até hoje ninguém foi aplaudido com palmas durante cinco minutos, como V. E mais: com todos de pé, para vivá-lo! Temos tido muitos artistas de renome mundial, mas nunca vimos tanto entusiasmo, assim externado".

No dia seguinte, deixei Belo Horizonte com uma saudade conservada até hoje. Depois de tantos anos, deixarei, como já disse, para outra palestra, a narrativa da viagem que fiz com Dr. Francisco Sá a Itaúna, quando ele ocupava a pasta.

Estou certo de que este meu trabalho só brilhará com todo fulgor, de aqui a cinquenta, cem, duzentos ou mil anos. (Imagino a gargalhada que os modernistas hão de soltar, ouvindo esse último período!!!)

Não faz mal. Eles riem-se de mim e eu, deles. E é bem certo que "quem se ri por último, ri melhor". Pode Sr. Eloy Pontes e outros dizerem que quando me "meto" a poeta, faço papel de bobo. Juro por Deus ter pena desses maldizentes! Coitados! Como se envergonharão de dizer tanta besteira, se é que têm vergonha!

E para provar-lhes que "A promessa" é um grande poema, o mais brasileiro dos poemas brasileiros, repetir-lo-ei na ponta do nariz: "Ele viverá, enquanto viver a língua luso-brasileira".

Oxalá seja uma verdade a existência imortal do Espírito, para eu vê-lo, futuramente, discado, vivado, aplaudido e considerado como um dos maiores, senão o maior monumento rústico da nossa literatura, emporcalhada pela falta de respeito ao Belo, ao Nobre e ao Sublime dos nossos vates do passado.

Se não estivesse eu tão velho, tão cansado, iria convidar S. Excia., o presidente Getúlio Vargas, meu grande amigo, para que reunisse todo o Ministério, todas as cabeças pensantes do Brasil, para ouvir-me numa audição completa desse espetáculo da natureza e da gente do interior!

Presentemente, não me animaria a isto porque S. Excia. não pode dispensar um segundo das suas preocupações, velando pela felicidade de nosso Brasil. Mas Deus é grande e Hitler e Mussolini hão de passar, como há de passar esta palhaçada indecente do futurismo.

O que vier no futuro de bom, de melhor, ficará. Mas... a vasa sumir-se-á, deixando de si uma recordação vergonhosa, que os pósteros saberão esconder de outros pósteros.

É forçoso condescender! Prometo aos leitores publicar, em futuras palestras, algumas poesias do meu livro "Fábulas e alegorias", esgotado e sem esperanças de nova edição. Só não lhes satisfarei o pedido quando a poesia for muito longa.

CAPÍTULO 27

A PUBLICAÇÃO DE MEU PRIMEIRO LIVRO DE POEMAS: MEU SERTÃO

2 DE SETEMBRO DE 1913

EM 1918, publiquei o meu primeiro livro de poemas sertanejos, batizado por Dr. Afrânio Peixoto com o título de "Meu sertão". O editor foi o antigo livreiro A. J. Castilho, estabelecido à rua de São José, próximo ao Largo da Carioca.

Comecei a escrever esse livro em 1916. Já tinha recitado vários poemas em audições públicas quando, a pedido de Humberto de Campos, resolvi publicá-los. Para isso, houve uma grande festa no antigo teatro São Pedro, festa promovida por mais de 50 homens notáveis nas ciências, na literatura e nas artes.

À frente desse festival, comandando-o, estava o Dr. Assis Chateaubriand, chegado há pouco do seu Estado — Pernambuco. Dr. Assis Chateaubriand foi quem fez tudo. Nesse tempo, já era conhecido aqui, na Capital, onde, logo ao chegar, publicou em vários jornais artigos que lhe deram logo merecida fama.

Há muito não o vejo, e, no entanto, naqueles tempos andávamos sempre juntos e sempre fazendo noitadas literárias em casa dos seus amigos e dos meus. Devo muito a esse brilhante jornalista, que hoje vive atarefado com os seus afazeres de imprensa, e, tanto, que talvez não sinta saudades dessas noites de regozijo intelectual.

Estreando aqui no jornalismo com o seu notável talento, pelo seu talento multicolor, subiu logo às eminências dos notáveis publicistas. Ele subiu e eu fiquei no mesmo lugar. Mas, como disse, foi esse meu grande amigo Dr. Chateaubriand o motor moral de toda aquela festança, no teatro São Pedro, hoje João Caetano, para, com o produto de venda dos camarotes e entradas gerais, publicar-se o livro, "Meu sertão".

Aqui vão alguns nomes dos que promoveram a festa, os quais ainda guardo bem vivos na memória. Doutores: Guimarães Natal, Moniz Barreto, Pedro Lessa, Alberto de Oliveira, plenipotenciário de Portugal, Miguel Calmon, Pandiá Calogeras, Afrânio de Mello Franco, Eloy de Souza, Augusto de Lima, Juvenal Lamartine, Nuno de Andrade, Ataulfo de Paiva, Afrânio Peixoto, Fernando de Magalhães, Pacheco Leão, Miguel Couto, Dias de Barros, Roquette Pinto, Assis Chateaubriand, Alberto de Oliveira, o poeta, Mário de Alencar, Coelho Netto, Pires Brandão, James Darcy, Alfredo Pinto, Francisco Solano Carneiro da Cunha, Paulo Silva Araújo, Luiz Carlos, Antônio das Neves, Francisco Sá, Pires do Rio, Humberto de Campos, Carlos Costa, José Maria Bello, Affonso Arinos, Humberto Gotuzzo, Carlos Silva Araújo, Belmiro Braga, Vieira Martins, capitalista e não sei onde iria, se continuasse na lista dos promotores do grande festival.

No dia 12 de setembro de 1918, só se viam carros rodeando todo o teatro! Com o concurso da Sra. Dona Ângela Vargas Barbosa Viana, Mário Pinheiro, baixo, Frederico Rocha e o ator Alberto Pires, foram ditas e cantadas muitas produções que se encontram nos meus livros. Em cena aberta, falaram Humberto de Campos e Roquette Pinto.

Eis o discurso de Humberto de Campos, saudando-me:

"Entre os nossos contos populares, eu coloco em primeiro lugar a linda história do "Papagaio do Limo Verde". Ei-la:

Certa moça, moradora de uma grande cidade, vivia em tal opulência, cercada de tanta pedraria, que não se via outra tão rica entre todas as princesas do mundo.

Estranhando o exagero dessa magnificência misteriosa, as vizinhas ficaram de alcateia, até que descobriram a maravilha daquele segredo. O caso era este. À noite, quando todos dormiam, a moça abria a janela e por ela penetrava um papagaio, que entrava reclamando água.

A moça trazia-lhe uma bacia de louça barata, cheia da linfa

mais límpida, dentro da qual o papagaio se atirava sofregamente, ruflando as asas. Cada pingo d'água que voava da bacia transformava-se numa pedra preciosa, que a moça ia apanhando, ficando, assim, dia a dia, mais rica!
Agora vede: no fim do banho, o papagaio estava transformado num formoso mancebo, como outro não se via na terra. Era o "Príncipe do Limo Verde!".

Eu não posso ler ou ouvir os versos de Catulo Cearense, sem que me assalte à imaginação a história desse encantado príncipe perdulário!

O poeta que trabalhou na linguagem rústica as joias que por aí andam é um fidalgo poeta, que se disfarça em ave cantadeira, para nos oferecer, a mancheias, a rutilante pedraria do seu erário! Se esses versos sertanejos fossem passados para a linguagem corrente, não encontravam outros que se lhes avantajassem em meiguice!

Nem os versos dos nossos melhores líricos! Mas Catulo não quer que seus frutos nasçam no jardim ou brilhem em vasos de fina porcelana. Quer conservá-los no mato, envoltos nas folhas silvestres! Catulo tem toda a inspiração dos grandes poetas. É por isto que vasa essa forte seiva nos agrestes moldes que lhe oferece o sertão."

Leram os leitores? Leu Sr. Eloy Pontes, o mais autorizado crítico do Brasil? Pois se leram, guardem silêncio e procurem ler a "Cachorrada", publicada numa das mais recentes de minhas palestras em "Vamos Ler!" Eis agora pouquíssimas palavras do discurso do eminente Dr. Roquette Pinto, o insigne naturalista:

"Senhores! A poesia semibárbara de Catulo Cearense me fascina, porque sinto nela as louçanias e as imperfeições da minha terra! Dele nunca ninguém dirá que é um poeta português, escrevendo no Brasil! Ninguém, como ele, sabe cantar ingenuamente a pátria, nos sons que por ela circulam."

"Meus senhores! Terminando, vos direi que este poeta foi o escolhido da sorte para arquivar no coro dos povos que cantam a voz do seu próprio povo. Seus poemas estão escritos no lenho das grandes árvores e gravados nos penhascos da nossa pátria!"

Leram os leitores? Júlio Dantas disse que eu era ou que eu sou muito maior do que julgam os brasileiros. Souza Costa, o grande jurisconsulto português, afirma que eu, como poeta da raça, pertenço ao Brasil e a Portugal.

Agostinho de Campos faz questão de que eu seja português honorário. Trindade Coelho faz também questão de que eu seja da sua terra. Forjaz Sampaio disse que o maior intuito de sua viagem ao Brasil foi ver-me de perto.

Os que têm lido os meus livros têm uma infinidade de elogios em todos os tons. Se o eminente, o notável Eloy quisesse honrar a minha cabana com a sua augusta presença num domingo, ficaria de boca aberta, vendo as pessoas, moços, velhos, senhoras, senhoritas, que me vêm visitar, pelo desejo de conhecer-me pessoalmente.

Peço aos leitores que não pensem maldosamente que nosso Saint-Beuve faz parte daqueles totós da "Cachorrada". Não! Sou amigo dele e muito o admiro. Eloy Pontes, como outros, dizem certas coisas de brincadeira! São foliões! São bons camaradas! São uns belos pândegos!

Para concluir, é mister dizer-vos que o espetáculo no antigo São Pedro foi monumental! Fora do teatro havia gente para outro espetáculo, e gente finíssima! Enchente à cunha! Alguns, ao chegar, recebiam a notícia de que a sua cadeira ou o seu camarote fora vendido três vezes!

De quem a culpa? Não se sabia! Mas ninguém protestava, por saber que aquelas vendas extraordinárias eram em meu benefício. Foram apurados 18 contos de réis! O dinheiro, por ordem da comissão, foi entregue ao livreiro Castilho, meu bom amigo. Por ordem da comissão, apresentei ao tesoureiro, o Sr. Castilho, as minhas dívidas. Eram numerosas, mas foram pagas. Dias depois, apresentei outra lista com dívidas fantásticas. A comissão, embora protestando, mandou que fossem pagas.

Finalmente, apresentei outras e, no fim de certo tempo, evaporou-se todo o dinheiro que era para a publicação do "Meu sertão"! No fim do fim, para publicá-lo, vendi a propriedade a Sr. Castilho.

Sr. Castilho, passando a sua livraria ao Sr. Americo Bedeschi, vendeu, por sua vez, a propriedade do mesmo, "Meu sertão". Já se foram mais de 40 mil exemplares, vendidos a 6 e 8 mil réis, e eu estou sem possuir um só volume desse livro!

Assim tem sucedido com tudo que tenho escrito. Tudo está, não vendido, mas simplesmente "torrado". O falecido Sr. Quaresma ganhou rios de dinheiro com os meus livros de modinhas!

De tudo que produzi, só resta a "glória", a "glória gloriosa" do "glorioso" datilógrafo, que o meu eminente amigo e apreciador, Sr. presidente da República, aposentou, num decreto-lei que chama o resquipedal datilógrafo de — servidor do Estado.

E basta.

Como prometi, aqui têm os leitores a fábula muito antiga, mas que teve grande ampliação, feita por mim. Sr. Pinto Lima, leitor constante de "Vamos Ler!", mostra-se arrependido de ter perdido todos os seus terrenos numa questão com seu vizinho, que também perdeu os seus.

Por que não fizeram uma concordata? Agora, chorem lágrimas sem proveito! Se tivesse lido esta fábula, talvez não estivesse chorando hoje as suas santas terrinhas. Vejamos a fábula. A questão durou dois anos, para ser resolvida com a sabedoria do macaco:

A justiça do macaco

Dois gatos, roubando um queijo de uma venda,
travaram forte contenda!
Um uivava: "Partamos pelo meio!"
E o outro: "Não, senhor, tenho receio
de ser mal contemplado!"
E o outro replicou: "Nesse caso
também fico arriscado!"
"Que faremos então?!"
E o outro replicou: "Não vejo solução!"
Mas, logo, respondeu-lhe o seu Xandico:
"Sob a minha palavra e fé de cidadão,
eu juro que se houver tuembação,
eu faço manfarrico!"
Logo o outro gritou: "Meu caráter reclama
que, na repartição,
não haja diferença de uma grama!"
E o outro: "Eu, que pelo Direito sou fanático,
exijo a precisão do matemático!"
"Que havemos de fazer, em conclusão?"
"Nada tenho a dizer-lhe, seu Romão!"
"O senhor quer a minha opinião?"
"Qual é? Diga afinal!"
"A luta corporal!"
"Não havendo outro meio, é curial,
pois, do contrário, o tempo se esperdiça!"

E, começando a rucegar as unhas,
já iam procurar as testemunhas,
quando o mais moço disse:
"Eu penso que há um meio,
um meio que a questão decidirá,
sem entrarmos na liça!"
E o outro, se arrufando: "Diga lá!"
"A Justiça!"
"É uma ideia feliz! E o juiz?!"
O mais ladrão propôs: "Doutor Macaco!"
"Apoiado! Apoiado!
É um grande mestre!"
"E, além de Mestre, um Juiz honrado!"
Ei-los agora os dois, perante o Magistrado,
que, paramentado,
solene, como o emblema da aliança,
escrupulosamente examina o fiel da balança,
e, olhando os contendores,
os dois gatos, divide o queijo com solenidade
e põe cada metade em cada um dos pratos.
Pesou! Mas, vendo um prato mais pesado,
pegou no queijo, e, zás!... foi-se um bocado!
Enganou-se, porém... Comeu demais!
Vai a outra metade e... logo... zás!"
Mas, por infelicidade,
procurando o direito da igualdade,
foi comendo, comendo, foi comendo,
até que os contendores vendo
o queijo, aos poucos, desaparecendo,
gritaram, contrafeitos:
"Basta! Basta, senhor! Estamos, satisfeitos!"
"Satisfeitos?!", gritou-lhes o Macaco.
"Alto lá, meus Senhores!
Alto lá!
Isto não vai assim!
Se os senhores já se mostram satisfeitos,
satisfeita a Justiça não está!
Chegaremos ao fim!"

E outra vez a balança examinando,
outros pedaços foi abocanhando!
"Senhor Juiz, por Deus", dizem os gatos!
"Concedei-nos, ao menos, este resto!"
"Protesto!"
berra o Juiz, com cara de Proteu:
"Este pedaço é da Justiça! É meu!"

E, dizendo, depois,
para os dois:
"Hoe Volo,
Sic júbeo,
judicatum solvi..."
todo o resto comeu!

CAPÍTULO 28

O MEU PRIMEIRO ENCONTRO COM O CONSELHEIRO RUY BARBOSA

9 DE SETEMBRO DE 1913

NÃO me lembro bem onde, pela primeira vez, encontrei-me com o ilustre Sr. Baptista Pereira, genro do conselheiro Ruy Barbosa. Foi em 1918, ou, talvez, em 1919. Havia publicado o "Meu sertão", depois do festival no Teatro Dom Pedro de Alcântara, hoje João Caetano.

Já me referi a esse festival na palestra da semana passada. Mas isto não tem grande importância para o que vou contar-vos a respeito do meu conhecimento com o grande brasileiro.

Reproduzirei, fielmente, o que me disse o ilustre Dr. Baptista Pereira, quando nos vimos pela vez primeira, em uma livraria. Eis o que lhe ouvi nessa feliz ocasião:

"Li seu livro de poemas do sertão e tão encantado fiquei pela sua poesia que pode contar-me no número de seus mais sinceros apreciadores. Li 'Meu sertão' de um fôlego. Reli-o depois e, na segunda leitura, ainda mais entusiasmado fiquei com os seus poemas."

"Conhecia-o de nome, vagamente, mas estava longe de avaliar o seu valor. Catulo é um poeta, é um grande poeta, é um poeta de mérito incontestável, originalíssimo e legitimamente brasileiro."

"Depois de ler o seu livro, falei sobre a sua pessoa ao meu sogro, que, ouvindo os meus ardorosos elogios, mostrou desejo de lê-lo. Certo dia, em que ele vinha lavar as mãos na sala de jantar, na hora do almoço, disse-lhe o seguinte: 'Conselheiro, se não me engano, o Gatuno, o autor deste livro, é um poeta merecedor de sua atenção. Conhece-o? Não, com certeza. Tire-me, pois, de uma dúvida. Vou ler um dos seus poemas para o Sr. ouvir e dar-me a sua opinião.'"

"'Leia', respondeu-me Ruy. E, enquanto ele lavava as mãos, com uma toalha ao ombro, eu comecei a ler o "Marroeiro", que faz parte do "Meu Sertão". Já tendo lavado as mãos, conservou-se imóvel, até ouvir todo o poema. Ao terminar a leitura, perguntei-lhe: 'Que diz o senhor? Enganei-me?'"

"'Não! Absolutamente, não! É um poeta de grande merecimento'. 'Vou dar-lhe um livro para que o senhor leia os outros poemas'. 'Aceito, com prazer'. À noite desse mesmo dia, passando pela sala de visitas, ouvi Ruy lendo um livro aos seus amigos. Estava em intimidade. Escutei e vi que ora o '*Meu Sertão*'."

Vê você como o 'homem' o admira?! Pois bem. Quando saiu à luz o seu segundo livro de poemas – 'Sertão em flor' –, ele mesmo pediu-me que comprasse um. A admiração cresceu com a leitura desse último. E tanto assim, que ele pediu-me que o levasse à sua casa, para dar-lhe uma audição de tudo que já você tivesse escrito."

Passou-se tempo e uma tarde recebo a visita de Dr. Baptista Pereira. Morava eu no célebre barracão da rua Francisca Meyer, no Engenho de Dentro. O eminente escritor vinha buscar-me para ir à casa do Conselheiro, à rua de São Clemente, onde estava à minha espera, ele só, para ouvir-me em intimidade.

Nessa tarde, Dr. Baptista Pereira deu-me o prazer de jantar comigo. Dr. Baptista Pereira, que é uma das mais sólidas ilustrações do Brasil, é de uma adorável simplicidade. Feliz de quem o conhece de perto.

Findo o jantar, partimos, num automóvel, eu, ele, Victor Pacheco, já falecido, e Admar Vieira, funcionário público, meu amigo e vivo ainda. Ruy Barbosa recebeu-nos na saleta que dá entrada à sala de jantar do seu palacete. Recebeu-me com estas palavras: "Entre, pois já é conhecido nesta casa. É mais do que conhecido. É estimado. Até Ruyzinho já sabe recitar os versos do seu 'Marroeiro'".

Apertei a mão do grande tribuno com indizível alegria, apresentei-lhe os meus dois amigos e, a convite seu, sentamo-nos na dita saleta. Sentado em um sofá, estava um senhor alto, grisalho e de fisionomia um tanto severa. Era o desembargador Palma, a única pessoa que estava a palestrar com o conselheiro.

Tomei a palavra e, para provocar o grande homem, comecei a falar sobre alguns fatos do sertão, quando estive em Pirapora, no Ceará. O meu plano surtiu efeito, porque ele também começou a contar fatos semelhantes, quando andou pelos sertões e tinha nesse tempo os seus vinte e poucos anos. Lembro-me bem de que, falando sobre superstições daquela gente, simples e boa, contou-me o seguinte caso:

"Viajava eu por um matagal cerrado, a cavalo e em companhia de um caboclo, pequeno de altura, mas robusto e forte de construção física. A noite estava escura, a ponto de nada se enxergar dois metros diante de nós. Ao atravessarmos uma picada, molhada ainda pelas chuvas, ouvimos, imprevistamente, latidos de cachorros que, pela barulhada, parecia uns dez, pelo menos".

"Dava a impressão de que os cachorros se aproximavam do caminho, para tomar-nos a frente e atacar-nos com furor! Confesso que fiquei um tanto receoso! Fiz ver ao meu guia que devíamos parar ali, naquela picada, esperando o fim daquela barulhada infernal, evitando um acidente desagradável em nossa viagem".

O caboclo, porém, calmo, sem mostrar o menor indício de medo, disse-me assim: "Seu doutor, o Sr. fique aqui. Não dê um passo à frente. Eu volto já."

O caboclo apeiou-se, cortou com o facão uns galhos de mato, e conservou-se em silêncio durante cinco minutos, rezando. Feita as suas orações, voltou a mim, afirmando-me: "Agora podemos seguir, seu doutor. Nada mais deve recear."

Acompanhei-o, mas um tanto duvidoso da sua afirmação. Pois a verdade é que os cães se calaram e nós passamos sem ouvir mais um só latido dos furiosos cerberos!!!

O conselheiro calou-se sem tentar explicar o fenômeno. O desembargador Palma levantou-se para retirar-se, pois morava em Niterói e queria aproveitar a barca daquela hora. O conselheiro não consentiu, pedindo que demorasse um pouquinho mais para ouvir-me, pelo menos numa das minhas poesias.

Por minha vez, perguntei ao conselheiro: "Tenho muito desejo em saber de V. Excia. qual de todos os meus poemas é o mais suportável de ser ouvido". O conselheiro respondeu-me: "Todos eles são grandes na sua grandeza".

"Mas qual deles V. Excia. deseja ouvir em primeiro lugar?" "Se me quiser ser bondoso, recitará o 'Cangaceiro', guardando 'A promessa' para depois". "A promessa" é, hoje, o 'Milagre de São João', publicado pela Editora A Noite.

Antes de eu começar a recitação, repetiu: "Todos os seus poemas são grandes na sua grandeza. Mas considero "A promessa' como a sua poesia brotada do coração. Vamos ouvi-lo, porque toda esta palestra foi para disfarçar a ansiedade de apreciá-lo em seus trabalhos magistrais. Vai recitar acompanhado pelo seu violão?"

"Vou, conselheiro, porque costumo, em alguns pontos do poema, fazer no violão uns floreios de viola sertaneja, dando assim uma impressão mais viva da narração. A viola só colabora em um ou outro momento apropriado".

Empunhei o "pinho" [violão], pedindo-lhe licença para gesticular durante a recitação. Ia recitar para ele só. Mas ele só constituía para mim um auditório de milhares e milhares de ouvintes, vindos de todas as partes do mundo.

E comecei a dizer o "Cangaceiro". O conselheiro, ouvindo-me, de dois em dois minutos, agitava-se, botando ora a perna direita sobre a esquerda, ora a esquerda sobre a direita. Compreendi, facilmente, que era um meio de ocultar a emoção.

Entusiasmado, derramei toda a minh'alma na recitação do poema. Gesticulava, como se fosse um ator numa grande tragédia. A emoção do conselheiro aumentava de instante a instante. O desembargador Palma mantinha serenidade um tanto esfingética, mas que eu não tive dificuldade em compreender o que era.

Admar Vieira e Victor Pacheco, um pouco afastados, afirmaram-me que eu parecia um louco, um louco, mas um louco inspirado, ao receber uma aura celeste!! Antes de proferir a última estrofe do poema, todo recitado em pé, sentei-me ao lado do conselheiro, conservei-me em silêncio durante cinco segundos, e, com a voz lacrimosa, disse a última estrofe.

Ao terminar, levantei-me, colocando o violão num canto da sala. Passados 15 segundos, o conselheiro, sem nada dizer, mas comovidíssimo, levantou-se e deu-me um forte abraço, bem conchegado ao seu coração. Tive, naquele instante, a ilusão de ter apertado um feixe de ossos!! A sua magreza já era considerável.

O desembargador Palma revelou a sua apreciação com estas simples frases: "O senhor é um grande poeta. Felicito-me por ter ficado mais uns momentos para ouvi-lo. Conte-me no número dos seus admiradores".

"Obrigado, Sr. desembargador", respondi-lhe. O homem, porém, com a fisionomia severa, bateu-me no ombro e sentenciou: "Pelo amor de Deus, não me agradeça. O Sr. nada tem a agradecer. Eu sou juiz. Faço justiça e a justiça não se agradece a ninguém. É um dever de quem a faz".

Ainda naquele momento, notava-se no conselheiro a emoção que lhe havia deixado o meu poema. Com pequenos intervalos, ainda disse mais a *"Terra Caída"* e *"O Lenhador"*.

Naquela noite fiquei sabendo que o grande brasileiro conhecia tudo que eu havia publicado. Alguns trechos até sabia de cor. Palestramos ainda por volta de meia hora, quando pedi permissão para retirar-me.

Esqueci-me de dizer o que me disse esse homem fenomenal, momentos depois de ter chegado à sua casa, quando ia começar a recitação: "Conselheiro! Vou dar princípio à minha audição. São nove horas da noite e V. Excia. costuma deitar-se cedo". "É verdade", respondeu-me. "Mas, hoje, não tenho hora para recolher-me ao leito. Prolongue a sua audição o mais que puder".

Confesso que, ouvindo essa última frase, caí das nuvens!!! Em todo caso, não abusei. Às 11h30 da noite dava por terminado o meu "concerto". Ruy não me deixou sair sem o compromisso de aceitar os seus convites, para ouvir-me, como naquela noite.

Saímos e, já na rua, nos esperava o Dr. Baptista Pereira, com um automóvel para conduzir-nos a todos, cada um à sua residência. Faço ponto nessa palestra porque ainda tenho de falar muito mais sobre o meu conhecimento com o extraordinário tribuno.

Esta foi apenas a introdução dos fatos que se deram entre nós. Na próxima futura quinta-feira, recomeçarei. O melhor está guardado para depois. Eu fecharei este meu "palavreado", apresentando Dr. Baptista Pereira como poeta.

O homem é poeta, mas não quer escrever poesia. Tem talento para esbanjar e não quer mostrar a sua inspiração do grande vale. O soneto que se segue, de sua lavra, foi escrito a meu pedido e de improviso.

Eu pedi, gracejando, mas arrependi-me do gracejo. Em três minutos, o soneto cintilava no papel em que ele escrevia, deixando-me sem compreender aquela revelação inesperada.

Para trazer o soneto, tive de roubá-lo. Ele não consentiria que o publicasse. Em tudo lhe farei a vontade, menos nisto. Com certeza, vai surpreender-se, lendo esta palestra e a que se segue sobre o seu eminente sogro.

A Catulo Cearense

Tu, que nos corres, trêmulo, a cortina
de um mundo agreste de harmonias, onde
plange, à boca da noite, a sururina,
saudade de asas, que o grotão esconde,
tu, que vibras da Pátria à voz divina,
como o ipê secular, de augusta fronde,
às rajadas do céu, a que se inclina,
desfazendo-se em pétalas, responde;
tu que, de giba e chapeirão de couro,
galopando o corcel da lua de ouro,
"farás rodeio" aos campos estelares,
arrancaste aos sertões, rei dos troveiros!
para ser o primeiro entre os primeiros,
— a coroa dos sóis e dos luares.

Baptista Pereira

Aguardem os leitores a futura palestra para ficarem sabendo a estima e a admiração do grande Ruy pelo vate brasileiro que assina estas conversas, nas quintas-feiras de todas as semanas. Felizmente, graças a Deus, ainda vivem o seu ilustre genro e a Exma. Sra. Maria Augusta, virtuosíssima viúva daquele sábio genial.

CAPÍTULO 23

UM VELHO GUARDISTA NEVROPATA

23 DE SETEMBRO DE 1943

OCUPANDO-ME nesta palestra do meu velho amigo Idomeneu Reis, nome já conhecido dos meus leitores, não me afastarei dos assuntos essenciais, pois que esse general vanguardavelista é merecedor dessa atenção.

Idomeneu foi alto funcionário da Alfândega e acha-se aposentado há vários anos. Tinha alguma coisa de seu, mas gastou tudo o que tinha! E sabe o leitor com quem? Com os médicos! Há 50 anos que os consulta dia a dia.

Na Capital Federal, não há um médico, um clínico de nomeada, uma notabilidade que não conheça Idomeneu, como seu cliente. Barboza Romeu, Miguel Pereira, Araújo Lima, Miguel Couto, Sylvia Muniz, Fajardo, Francisco de Castro, isto só para falar de alguns já mortos. Não falarei dos vivos, por ser cansativo. Tinha de falar de todos.

Em todo caso, citarei Austregésilo, Rocha Faria, Pedro da Cunha, Mac-Dowell, Mauricio de Medeiros e bastam estes somente. Pois todas essas celebridades médicas afirmavam que Idomeneu não tinha moléstia, por menor que fosse. Todo o seu mal, diziam, corria por conta de uma neurastenia rebelde, que só ele poderia combater.

Idomeneu pagava consultas de alto preço, mas muitos médicos já não o queriam receber, dizendo que era um crime receber tanto dinheiro de um homem sadio, conquanto intensamente maníaco! A mim, disse muitas vezes: "dou-te cem mil réis, se conseguires que Dr. fulano me examine!" Esse fulano já o tinha examinado mais de dez vezes!

Uma ocasião, ofereceu-me um terno de legítima casemira para que Dr.... o auscultasse por um minuto! A muito custo, Dr.... satisfez o meu pedido, recebendo a importância da consulta. Idomeneu era pronto no pagamento. Saía do consultório do médico e rumava logo para a farmácia.

Levava o remédio, mas quase nunca tomava. Tomar uma vez era muito raro! Eu já vi quatro carrocinhas de mão sair da casa do grande enfermo cheias de medicamentos! A casa do homem era uma drogaria! Eu, seus irmãos, seus amigos, seus netos e muita gente pobre, quando necessitávamos do farmacêutico, íamos a ele, e na sua drogaria encontrávamos o remédio desejado!

Seriam precisas umas oito palestras para contar alguns casos desse Malade Imaginaire! Vejamos este. Uma noite, bateram-me à porta, para dizerem que Idomeneu estava passando mal! Tinha engolido na sopa um caroço de feijão cru!

Corri à casa do amigo e lá já encontrei dois médicos: Dr. Ramiro Magalhães e Dr. Artidório Pamplona. Meia hora depois, chegou Dr. Flávio de Moreira e, logo depois, Dr. Aristides Caires! Foram, pelo menos, seiscentos mil réis gastos com o caroço de feijão!

De todos que eu interrogava sobre a moléstia, recebia esta resposta, no fim de uma risada: "Verdadeira comédia". Todos os médicos que o examinaram, cuidadosamente, afirmavam-me com absoluta segurança: "este homem não tem nada. Coração, fígado, rins, pulmões etc., etc., tudo em excelentes condições".

"Mas, doutor", dizia eu, "por que ele se queixa de tantos sofrimentos?" "Tudo imaginário", respondiam-me. Só encontrei um médico, a quem Idomeneu consultou, o qual, depois de ouvir-lhe o compromisso de tornar a outra consulta, a segunda, garantiu-me, em segredo, quando saíamos de seu consultório: "este não volta mais aqui?" "Mas ele sofre, doutor?" "O que diz sentir, ele sente, embora na imaginação". Esse médico foi o meu amigo Dr. Anibal Pereira.

Interessante era ver a alegria com que Idomeneu vinha da farmácia e quando lia em casa, na bula, a indicação do remédio. "Este é decisivo!

É a última palavra!" No outro dia, saía-se com esta: "Não vale nada! Já o condenei ao necrotério! Piorei com ele! Quase me matou!"

Idomeneu foi a Niterói quatro vezes consultar a sapiência de uns afamados curandeiros daqueles tempos: de uma vez gastou cem mil réis em ervas. Saiu de madrugada e chegou em casa ao meio-dia. Tomou duas xícaras de chá daquelas ervas, exclamando que estava curado de todos os seus males!

Tanta fé alimentava que nesse mesmo dia comeu uma feijoada completa! À meia-noite, Dr. Antônio Pires recebia um chamado urgente. Era Idomeneu! Rogava pragas ao caboclo, mandando botar fora todo aquele ervanário causador de um novo mal: nó nas tripas!

Quando doutor Antônio Pires chegou, já estava lá doutor Onofre Ribeiro. Lembro-me de que lhe receitaram um laxativo qualquer. Mas, pela manhã, indo visitá-lo, já estava aos cuidados do meu amigo doutor Paulo da Silva Araújo.

Doutor Paulo confessou-me que lhe foi difícil manter o sério, quando Idomeneu contou-lhe a história do caboclo e a ingestão da feijoada completa. De semana em semana, Idomeneu mudava de esculápio! É preciso dizer que a muitos ele consultava por mais de 20 vezes!

O grande cardiologista, professor Pedro da Cunha, meu amigo também, já tem ido ao Engenho de Dentro mais de dez vezes, a seu chamado urgente! Cada vez que vai, é uma descompostura que lhe passa. Cobra-lhe sempre mais caro, para ver se o doente desiste de incomodá-lo!

Pois bem, leitores! Há cinquenta anos que esse amigo padecia de todos os males, conhecidos e desconhecidos. Farei ponto nas narrações patológicas desse enfermo, com receio de fatigar os leitores, mas com pena de suprimir muitos fatos engraçados, que lhes fariam dar boas gargalhadas.

Quando escrevo para esta revista, só tenho uma preocupação: não ir além do espaço de que disponho para estas crônicas semanais. Não voltarei a tratar dele, porque outros assuntos não me permitem delongas. O que estou escrevendo não são as minhas Memórias: são simples e breves episódios de minha vida de poeta e de boêmio, desde a idade de 20 anos até hoje. Isto já foi dito várias vezes.

Agora, o final da cômica tragédia desse Malade de Molière. Já disse aos leitores que todas as celebridades consultadas por ele, mais de cem, mais de duzentas, talvez, juravam: "o Sr. não tem nada". Receitavam, porque ele lhes suplicava!

Há tempos, Idomeneu, não podendo sair e vendo que era impossível as visitas dos grandes médicos feitas em sua casa, embora pagando-as generosamente, entregou-se aos cuidados do doutor Matos Filho, morador na rua Dias da Cruz, no Engenho de Dentro.

Dr. Matos Filho, como os demais, afiançava-lhe, sobre palavra de honra, que não encontrava a origem dos seus sofrimentos. Atribuía tudo a uma rebelde neurastenia, a uma psicose agudíssima.

Isso já durava mais de um ano, quando, um belo dia, atendendo a um novo chamado, verificou que o homem estava ameaçado de um derramamento de bílis. Então, disse-lhe o doutor Matos: "Agora, sim! O Sr. tem uma moléstia verdadeira! Esta não é imaginária! E uma moléstia teimosa, e cumpre combatê-la já e já!"

Idomeneu alarmou-se! Vieram-lhe os primeiros medicamentos, mas ele não os tomou! No outro dia, vindo vê-lo doutor Matos Filho, e verificando que ele não tinha tomado os medicamentos que lhe receitou, zangou-se com ele e não atendeu mais aos seus chamados! Idomeneu rogou, suplicou, implorou, mas doutor Matos não o atendeu.

Piorando, hora a hora, mandou chamar Dr. Ruy Vasques, amigo daquele clínico. Veio Dr. Ruy e disse-lhe a mesma coisa que Dr. Matos lhe havia dito! Idomeneu quase enlouquece! Mas sujeitou-se ao tratamento rigoroso, imposto pelo segundo facultativo.

Pois, muito bem. No fim de dois meses, Idomeneu ficou livre de perigo! Dr. Ruy Vasques salvou-o! Deu-lhe alta. Idomeneu, porém, nunca se esqueceu do seu antigo médico, Dr. Matos Filho. Todos os dias eram chamados e mais chamados. Doutor Matos estava inflexível.

Afinal, a meu pedido, pois que muito me estima, como eu o estimo, foi vê-lo. Idomeneu chorou! Confessou-se gratíssimo a Dr. Ruy, mas assegurou-lhe que desejava completar a sua cura, a cura radical, com a assistência de seu médico, Dr. Matos, que sempre o animou.

Doutor Matos Filho felicitou-o pelo seu restabelecimento, devido à proficiência do seu amigo e colega Dr. Vasques. Disse-lhe apenas: "O Sr. está curado da sua icterícia. Deve ao colega. Agora, a pedido de Catulo, vou tratar de combater uma velha enfermidade, tão impertinente como a outra".

Mas, antes, fez-lhe ver que era justo continuar com o doutor Ruy. Idomeneu, com os olhos banhados de lágrimas, respondeu-lhe: "Doutor Matos! Muito devo ao Dr. Ruy, mas muito lhe devo também. Os dois serão meus médicos de agora em diante. Ele curou-me de uma moléstia; o sr. vai curar-me da outra. Já falei com ele e ele concordou".

O doutor Matos não me disse o nome da sua velha enfermidade. Mas, o principal, é que o livrou dela! Idomeneu está curado e perdeu toda a cisma das moléstias do pensamento! Eu desejava que todos os médicos célebres com quem se consultou me fizessem saber porque um homem que padeceu 50 anos de males da imaginação só ficasse bom depois de ser vitimado por duas moléstias reais, por duas moléstias físicas!

É bem provável que, com toda a sua ciência, não me saibam responder. Seja, porém, como for, esses dois médicos milagrosos – Dr. Matos Filho e Dr. Ruy Vasques – foram os dois heróis dessa campanha de meio século de martírios! Salve Dr. Matos e Dr. Vasques!

Mirem-se neste espelho os velhos padecentes da mesma enfermidade de Idomeneu Reis! Foi para eles que escrevi esta palestra. Peçam eles a Deus uma moléstia grave para se curarem da moléstia mais grave – a dos neurastênicos e que para tratá-los encontrem esse dois gigantes dos padecimentos da alma.

Agora, o fim do final. Idormeneu, há dias, revelou-me um sonho que teve, quase acordado. Sonhou que uma voz do outro mundo lhe revelava que Dr. Matos Filho é médico por vinte reencarnações!

Depois de desencarnar por várias vezes, entrando no céu, seguido de uma turma de velhos neurastênicos, mas já remoçado, teve de voltar à Terra, por ordem de São Pedro, em benefício desses enfermos d'alma, pois, segundo testemunho da mesma voz de além túmulo, ele havia radicalmente tratado de uma neuropatia a dois celebérrimos esculápios, desencarnados há 460 anos antes de Cristo: Hipócrates e Galeno, os quais só encontraram termo a seus males com Dr. Matos Filho, na sua última entrada no Céu.

Hoje, de novo clinicando em nosso planeta, todos os enfermos dessa moléstia terrivelmente tétrica devem agradecer ao magnânimo São Pedro esse gesto de sacrossanta bondade.

Idomeneu Reis, que foi a legítima corporificação humana da própria neurastenia neurastênica, reside à rua Dr. Bulhões, 225, na estação de Engenho de Dentro. É uma das minhas saudades mais saudosas do saudoso passado.

Mais uma parcela do livro esgotado – "Fábulas e alegorias":

A chama e a fumaça

No meio de uma praça
Ardia uma fogueira
Onde há chama, há fumaça
E a chama assim falou:
Por que me segues?
Porque, fumaça vil, tu me persegues,
Se eu sou a Luz e tu és a escuridão!?
E a outra respondeu-lhe, galhofeira:
"Eu sou a Inveja e sujo o teu clarão".

O Gênio é a Luz da Graça!
A fumaça
Foi franca e verdadeira!

A nuvem da fumaça – a Inveja – passa.
Mas háde ser-lhe a eterna companheira.

CAPÍTULO 31

O MEU SEGUNDO ENCONTRO COM O CONSELHEIRO RUY BARBOSA
7 DE OUTUBRO DE 1913

POUCO depois, recebia eu novo convite para outra audição em casa do conselheiro. Recebi esse convite com uma semana de antecedência. No dia aprazado, lá chegava às oito horas da noite. Fui recebido na sala de visitas pela Exma. Sra. Dona Maria Augusta, um filho, uma filha e mais um dos seus genros. Ao entrar, recebeu-me com estas palavras: "Ah, Sr. Catulo! O meu marido está prostrado no leito, pois há 48 horas que não dorme, escrevendo um parecer jurídico, que só hoje terminou. Manda-lhe pedir desculpas, mas espera-o quinta-feira, sem falta, para jantar com ele".
"Está bem, Dona Maria Augusta. Virei quinta-feira, se não houver novidade". E, preparando-me para partir, acrescentei: "Muitas lembranças ao conselheiro". Mas, com muito espírito, a gentil senhora exclamou: "O Sr. vai retirar-se?! Não! Tenha paciência. Meu marido está impossibilitado de ouvi-lo, mas nós estamos aqui. O Sr. não vai agora".
De fato, tive de recitar várias poesias e cantar algumas. Retirei-me à meia-noite, prometendo voltar na quinta-feira. Infelizmente, não me foi possível cumprir a ordem recebida. Só uma semana depois visitei o grande brasileiro pela terceira vez.

Depois do jantar, dirigimo-nos para a biblioteca, onde palestramos até ao anoitecer. Recitei algumas poesias pequenas e pedi-lhe um conselho. Disse-lhe: "V. Excia., que conhece 'Urupes', de Monteiro Lobato, deve lembrar-se do seu canto 'A colcha de retalhos'. Eu versifiquei esse conto e peço a V. Excia. que me diga se devo incluí-lo num livro a publicar. Se estiver igual em beleza ao original, publicarei. Do contrário, irá para a cesta de papéis. Vou lê-lo".

"Com muito prazer ouvirei e darei a minha opinião, segundo me pede. Leia". Vi, logo depois de cinco minutos, que o meu trabalho lhe estava interessando. Daí por diante, a atenção foi crescendo, consideravelmente.

Terminando a leitura, o conselheiro falou: "Pode publicá-lo! Monteiro Lobato ficará satisfeito, vendo esse poema através da sua poesia, que a embelezou com as imagens do seu estro, sempre novo e inspirado. Conquanto a ideia central seja a mesma, o senhor floriu a prosa do escritor e iluminou-a, principalmente no final do poema, para mim de sublime concepção filosófica. Eis o que penso do seu mimoso trabalho".

Com a autorização do mestre, incluí esse poema no meu livro — "Poemas bravios", dedicando-o ao grande Monteiro Lobato. Quando despedia-me do mestre, às dez horas da noite, disse-me ele com grande surpresa minha: "Desejo fazer-lhe um pedido muito importante. No sábado próximo, espera-lo-ei, para ser ouvido por um numeroso auditório de moças. A audição será aqui, na biblioteca. O auditório será quase todo de moças, mas não se aborreça, porque são todas altamente educadas e à altura do seu talento poético".

Achei interessante aquele "não se aborreça"! Quem teria dito ao conselheiro que gostava mais do auditório masculino? Com exceções, o feminino sempre me causava pavor! Aceitei, contudo, o honroso convite.

Na noite combinada, cheguei à casa de Ruy, acompanhado de Admar Vieira. A grande sala da biblioteca achava-se repleta! Havia apenas uns cinco homens. Tudo moça, moças finíssimas e tão belas, que pareciam ter sido escolhidas a dedo!

Que noite, caro leitor! Que noite sublime! Toda a casa conselheiral estava animada, como se fosse uma noite de festa íntima! Só se fazia silêncio no momento em que eu começava a recitação. O silêncio era então absoluto. E só terminava numa explosão de palmas! O mestre não se cansava de pedir bis em vários trechos.

Dias passados, a Exma Sra. Dona Maria Augusta disse-me com

grande alegria: "Nunca vi meu marido tão satisfeito, como hoje! Ruy fez uma coisa que nunca o vi fazer. Quando Sr. Catulo saiu a uma hora da manhã, e quando todos já se haviam retirado, vi-o dirigir-se à sala de jantar, abrir o guarda-comidas e servir-se, ele mesmo, de um bolinho de mandioca, bebendo meio copo de água! Nunca o vi fazer isso! Seria a satisfação de ouvi-lo?!" "Provável", digo eu.

Duas semanas depois, voltando à casa do mestre, ainda ele, de vez em quando, recordava, com saudade, aquela noite, em que a sua biblioteca parecia um jardim de moças bonitas! Confesso que, naquela noite, poucas vezes olhei pare os livros! As musas da poesia não me davam tempo para isso! Não saberia distinguir qual a mais bela, a mais atraente e a mais delicada. Oh! Que noite esplendorosa!

Ainda, após essa noite, visitei, por duas vezes, o grande tribuno, para ouvi-lo e recitar algumas produções novas, sempre a pedido. Já não tinha mais dúvida alguma: o conselheiro era um dos meus mais fervorosos apreciadores. A minha presença sempre causava-lhe alegria.

O Sr. Antônio, homem de sua confiança e hoje empregado no museu do altíssimo mestre, há pouco, num encontro, recordava comigo o prazer que ele sentia ao ver-me e ao ouvir-me! Esse Sr. Antônio foi testemunha de tudo que estou contando aos leitores.

Estou contando aos pulos, sem me demorar nos detalhes, o que seria extremamente curioso. Procedo assim para não estender demasiado o curso desta palestra. Ela é a segunda que faço, falando do insigne tribuno. É possível, mais tarde, ainda, descrever outras coisas passadas entre mim e ele.

Para concluirmos, vou contar o que se passou na última visita que lhe fiz, em Petrópolis, em companhia de Dr. Fernando Machado, da Academia de Letras, e do livreiro editor, meu amigo J. J. Castilho. Chegamos ao meio-dia. Dr. Fernando Machado ia oferecer-lhe um livro e o livreiro ia falar-lhe sobre uma nova publicação.

Eu acompanhava-os, para fazer, como disse, uma pequena visita ao grande homem. Estavam em casa de Ruy Dr. Leão Velloso, Gil Vidal e, se não me engano, o professor Lemos Britto, amigo de Ruy.

Todos palestravam na sala de jantar, quando o conselheiro, virando-se para mim, perguntou-me, sorrindo: "Então, hoje não se ouve nada?" "Eu pretendia retirar-me cedo, mas se V. Excia. faz questão, estarei às suas ordens", respondi-lhe. "Que deseja V. Excia. ouvir-me?"

"Tudo, se for possível! Mas, em primeiro lugar, a 'A promessa', com todos os cantos com que o Sr. a ilustra". A Exma. Sra. D. Maria Augusta, quinze minutos passados, entrava na sala com um rico violão, envolto em uma riquíssima capa de veludo.

Afinei-o e comecei a recitar o poema. Nessa tarde, notei que o conselheiro estava um tanto apreensivo. E tanto que, logo, a princípio, via-se, claramente, a emoção que a sua fisionomia manifestava, ouvindo o poema.

Pronunciado o último verso, tive uma surpresa, vendo o grande homem silencioso, sem proferir uma simples interjeição, deixando correr lágrimas dos olhos, sem ter o cuidado de enxugá-las! Todo o auditório, vendo aquele espetáculo, conservou-se também em silêncio!

Meio minuto depois é que o mestre, levantando-se do sofá, abraçou-me ainda com os olhos cheios de lágrimas, sentando-se depois, sem proferir uma palavra! Nesse instante, é que todo o auditório rompeu em aplausos, aplaudindo-me. Foi uma tarde tão memorável, como as outras, se não mais ainda! Que saudade!

O professor Dr. Lemos Britto descreveu toda essa "festa" na residência do conselheiro, em Petrópolis, e essa descrição foi publicada num dos jornais da Bahia. Transcrevi-a para um dos meus livros de poemas, onde o leitor, se quiser, lerá, minuciosamente, tudo o que se deu naquela tarde.

Ainda por algum tempo, continuei a visitar o meu amigo Dr. Baptista Pereira, passando boas noitadas em sua chácara, na Tijuca. Os dois poetas que floresciam essas noites era eu e o saudoso Mucio Teixeira, também amigo de Dr. Baptista.

Essas noites multiplicaram-se até a morte de Mucio. Mas nunca deixei de ter encontros com Dr. Baptista no seu escritório e em outros lugares. O motivo das palestras eram as noites passadas em casa de Ruy e na sua bela chácara tijucana.

Uma tarde, com indisível alegria, Dr. Baptista Pereira, no seu escritório, entregou-me uma carta, dizendo-me: "Eis o que Ruy te mandou, exprimindo, de modo definitivo, a admiração que tem por ti! Não tendo mais nada que chamar-te, chama-te 'poeta maravilhoso'! Lê e faz dela o use que bem quiseres. Irás publicá-la, certamente. É um documento precioso de quanto o homem admirava as tuas obras".

Essa carta, já publicada em vários livros meus, merece ser republicada nesta palestra, por vir muito a propósito.

Ei-la:

> Concordo, sem reservas, com o Sr. Júlio Dantas, no seu alto juízo acerca de Catulo Cearense, maravilhoso poeta, cujos versos, de um encanto irresistível, são o mais belo documento da vida e da natureza dos sertões brasileiros, que a sua musa enfeitiça e parece recriar.
>
> **Ruy Barbosa, Petrópolis, 18 de fev 21**

Cumpre chamar a atenção do leitor para outro elogio de Ruy, menor em palavras, mas tão eloquente, como os dessa carta, que acabaram de ler. Esse segundo elogio, ou, se quiserem, essa reverência, é extraordinária, é monumental, é, de tão grande, inqualificável!

Na sua "Oração aos moços", discurso aos bacharelandos da Faculdade de Direito de São Paulo, em 1920, o leitor encontra, na página 29, edição Martinelli, Passos & Cia., essa dita referência. O leitor verá que, nesse período, Ruy não tinha necessidade de falar em meu nome. Fê-lo para patentear a admiração que tinha por mim.

Dentro desse período, o leitor lerá: "O galo triste do luar dos sertões do nosso Catulo..." É de pasmar! O grande homem falar em mim, com esse carinho: "Nosso Catulo"! Quando saiu à luz esse memorável discurso, recebi mais de 50 telegramas de felicitações!

Ainda haverá um cãozinho que me queira "agredir", como aqueles da célebre "Cachorrada", poesia publicada em uma das minhas últimas palestras, nesta revista, cuja edição é de 40 mil exemplares?!

Se houver, perderá seu tempo e seus latidos. Não os ouvirei, nem lhes atirarei uma pedra. Podem ladrar à vontade. Estão no seu papel de legítimos caninos. Desta vez não publico uma fábula, porque vou ler todas as minhas palestras, a fim de não haver repetição.

CAPÍTULO 31

UM FAMIGERADO CAIPORA DO MEU TEMPO

EXPLICAÇÃO PEDIDA, PRINCIPALMENTE, AOS ESPIRITISTAS
11 DE OUTUBRO DE 1913

NÃO crê o leitor que haja indivíduos cuja intervenção nos dê caiporismo? Se não crê, como explicar tantos fatos comprovantes? Dentre alguns que conheci, citarei um, conhecido no seu tempo pela alcunha de "Coruja".

Esse homem era temido por todos. Alma nobre, mas caipora ao extremo. Nenhum dos que o conheceram deixou de ser vítima da sua má sorte. Enumeremos as suas infelicidades, comunicadas aos que dele se aproximavam.

Chico Borges, violonista, caiu do bonde e quebrou o seu violão, no dia em que o conheci. Fidelquino Camargo, tipo que o leitor já conhece, deixou de dar uma festa, num domingo da Ressurreição, por ter aparecido em sua casa, pela manhã, o célebre azarento.

Choveu torrencialmente desde o amanhecer até a meia-noite desse dia. Dr. Capelli ia sendo esmagado por um caminhão na tarde em que foi vê-lo, doente, à rua Freire Caneca. Levou três dias enfermo pela contusão.

Leite Gomes, que nunca perdeu uma briga de galos, perdeu duas, quando o levou em sua companhia a um circo no Campo de São Cristóvão. Perdeu duas brigas e perdeu um galo de sua estimação.

Serpa, negociante de coroas fúnebres, enfermou de uma moléstia grave, no dia em que o conheceu, apresentado pelo seu irmão, que já fora vítima do velho azarento. "Vagalume", repórter conhecidíssimo, o Guimarães, o "Guima", encontrando-o, por acaso, no dia em que recebeu o seu ordenado no "Jornal do Brasil", perdeu-o, sem saber como.

Um meu amigo, Mamede de Oliveira, brigou com um seu querido compadre, quando, fazendo-lhe uma visita, encontrou em sua casa o mesmo velho azarento. A amizade de seu compadre era antiga.

O interessante é que Mamede nunca soube desvendar o motivo da desavença! Foi um caso misterioso! Juca Thomaz, atendendo ao seu chamado para um negócio particular, e ignorando a má sorte do velho, teve de lutar contra um sujeito desconhecido, que o tomou por outro, quando passava pela rua Amazonas, levando ao seu lado um crioulo, que o veio buscar.

A luta foi dois metros distante da casa do azarento. Dr. Moraes, engenheiro, perdeu uns papéis importantes, na tarde em que lhe foi apresentado e "sofreu" um abraço do velho, um tanto alegre! Moreira do Vale, um português que alugava carrinhos de mão, na antiga Alfândega, quase perdeu um filho, esmagado por um caminhão, no dia em que "velho" lhe veio trazer, ele mesmo, uma carta de um seu amigo – Silva Mattos.

Basta! Se quiser continuar, o leitor acabará cochilando de ler tanto azar encarreirado! Não cheguei nem à décima parte do que tinha de contar. Esta amostra não será suficiente para fazer o leitor acreditar no caiporismo?

Ouça mais esta, bem edificante. Estava eu no Largo da Carioca, em companhia de um médico notável, cujo nome não direi, quando, de repente, o vi empalidecer! "Que é isto, doutor? Sente-se mal?".

"Não", respondeu-me. E sem olhar para trás, acrescentou, tremendo: "Catulo! Disfarça e fujamos depressa. Não olha para trás. Fujamos, que aí vem Fulano, e se ele nos vê, lá se vai o dia perdido!"

Era o velho, que se aproximava. Fugimos às pressas, e só paramos na rua São José. O doutor estava com a fisionomia desnudada! Perguntei: "Mas, doutor, esse homem é tão perverso, para o senhor fugir dele com esse pavor?"

"Não, meu Catulo. Ao contrário. É um homem digno a toda prova. É a honestidade em pessoa. Mas é caipora 'pra burro!'" "Mas o doutor crê nessas bobagens?!" "Não sei! Mas sou obrigado a crer, pelo que tenho visto!" Que me diz a isto o leitor?

O caiporismo é ou não é um fato comprovado? Citemos agora o que se passou comigo. Na primeira vez que o vi, apresentado a ele por João dos Santos, ia caindo no mar, ao passar a ponte flutuante das barcas. Foi um menino que me salvou do "banho", talvez mortal...

A segunda vez que me encontrei com ele, numa livraria, na antiga Livraria Castilho, à rua da Assembleia, experimentei uma grande decepção. Tinha recomendado ao empregado no dia anterior que me guardasse um livro, procurado há tempos, pois viria buscá-lo sem falta no dia seguinte.

Quando lá fui, o empregado, meu grande amigo, tinha-o vendido a outro, esquecendo-se do meu insistente pedido! O pobre do moço não sabia como se desculpar da falta! Chegou até a chorar! "Não sei, Sr. Catulo, não sei como foi esse meu esquecimento!" Foi preciso muito jeito para consolá-lo.

Confesso que, desde esse dia, fugia do homem, como quem foge de um precipício! Sabia dos fatos, contados pelos outros. Vamos ver, por final, o mais impressionante. O meu amigo Alvarenga Fonseca, pai do conhecido coronel Alvarenga Fonseca, presidente da Secretaria do Conselho Municipal, ouvindo falar no tal velho caipora, jurou que ia convidá-lo para uma festa em sua casa, festa de seu aniversário, e, desafiando o caiporismo do homem, que lhe fizesse uma das suas.

Ele, Alvarenga, não era homem de crendices. Está bem visto que o azarento nada sabia desse desafio. Mandou o próprio filho convidá-lo, dizendo que o esperava para jantar com ele, às seis horas da tarde. No dia da festa, a casa estava cheia. O velho Alvarenga estava satisfeito, pois até aquela hora nada lhe havia acontecido de mal.

Às quatro horas, chegou o "homem". Foi para a sala e entrou na conversa geral. O velho Alvarenga dizia a todos, de instante a instante: "Quebrei o caiporismo do infeliz! Veem vocês como tudo isto são "histórias"?

Pois bem. Às seis horas, posto o jantar à mesa e todos já preparados para dar começo ao trabalho das bocas, quando "Fera", um enorme cão dinamarquês, intrigado por um menino, soltou-se da corrente, fugiu do quintal e varou pela sala de jantar, pulando, como um louco, um cachorro danado!

O pessoal da mesa desorientou-se, para um lado e para outro, pois "Fera" quebrou todos os pratos da mesa, espalhou todos os manjares pelo chão e só com muito trabalho foi seguro pelo dono, que o acorrentou de novo!

A casa ficou em reboliço. Quando o velho Alvarenga voltou do quintal, pálido e escaveirado, já não encontrou o célebre azarento. Tinha dado o fora! Foi nessa ocasião que pediu desculpas de sua descrença e contou o caso aos seus convidados!

O velho Alvarenga, quando, anos passados, contava o acontecimento daquela noite, tremia de medo, como se estivesse vendo o velho caipora em sua presença! Basta! Que diz o leitor sobre isto tudo? Há ou não há urucubaca?

Contava-se (e quem me contou sempre mereceu-me confiança) que um coveiro, na ocasião em que, com a enxada, deitava terra na cova do caipora, por um descuido, deu uma enxadada no pé com tanta força, a ponto de tirar-lhe um dedo do mesmo pé!

O Frederico, da Imprensa Nacional, testemunha do fato, foi quem me contou. Passa fora! Parece brincadeira ou história para amedrontar crianças! E, no entanto, eu empenho a minha palavra sobre tudo que aqui ficou dito.

Mas... terminemos com chave de ouro ou de ferro. No dia da missa, o padre que ia dizê-la foi vitimado por uma dor de cabeça, no momento de se encaminhar para o altar! Teve de ser substituído por outro sacerdote, presente.

Final

Atenção! Sabem os leitores como se chamava esse velhote azarento? Felicíssimo!

(eis a fábula prometida) **A verdade e a fábula**

A Verdade só é bem acolhida,
Quando fala por boca da Parábola,
Ou se adorna com os ouropeis da Fábula,
Que é, neste livro, a companheira sua.
Pois todos nós sabemos que a Verdade
É a única mulher de eterna virgindade,
Que o homem não quer ver, quando está nua.

(mais outra) **A estreia do condor**

Fazia a sua estreia o filho de um condor.
Mas, antes que a fizesse,
ei-lo que desce
do cimo do alto monte de granito
para beber nas águas de um riacho,
e, orgulhoso, dizer-lhe cá de baixo,
olhando para o céu, para o infinito:
"Riozinho
mesquinho!
Não invejas a minha impavidez
de hoje subir, pela primeira vez,
à glória das estrelas,
subir, subir, subir, para de perto vê-las?
Tenho pena de ti, ó alma encarcerada!"

E o rio, calmo, não lhe disse nada.
Quase ao dia findar,
depois de tanto voar e revoar,
debalde, sem proveito,
o condor, fatigado,
insatisfeito,
baixando lá do azul, ficou pasmado,
vendo o rio, espelhando no seu leito
as estrelas do céu, todo estrelado!

BIBLIOGRAFIA:

ARAÚJO, Murillo. Ontem, ao luar – Vida romântica do poeta do povo Catulo da Paixão Cearense. Rio de Janeiro, Editora A Noite, 1950.

AZEDO, Maurício. Catulo da Paixão Cearense. Coleção Nova História da Música Popular Brasileira. São Paulo, Editora Abril, 1968.

CEARENSE, Catulo da Paixão. Minha vida de poeta e de boêmio. Em: Revista Vamos ler! Rio de Janeiro, Editora A Noite, fevereiro--outubro de 1943.

MARTIINS, Guimarães (org.). Modinhas – Catulo da Paixão Cearense. São Paulo, Editora Fermata do Brasil, 1972.

MAUL, Carlos. Catulo (Sua vida, sua obra, seu romance). Rio de Janeiro, Livraria São José, 1971.

Este livro foi impresso em papel Offset 75g,
usando as fontes Garamond, HVD Howdy e Ochent Silibrina